KB018693

스페인

SPAIN

스페인

SPAIN

메리언 미니, 벨렌 아과도 비게르 지음 | 김수진 옮김

세계의 **풍습과 문화**가
궁금한 이들을 위한
필수 안내서

시그마북스
Sigma Books

세계 문화 여행 _ 스페인

발행일 2022년 11월 4일 개정판 1쇄 발행
지은이 메리언 미니, 벨렌 아과도 비게르
옮긴이 김수진
발행인 강학경
발행처 시그마북스
마케팅 정제용
에디터 최연정, 최윤정
디자인 강경희, 김문배

등록번호 제10-965호
주소 서울특별시 영등포구 양평로 22길 21 선유도코오롱디지털타워 A402호
전자우편 sigmabooks@spress.co.kr
홈페이지 http://www.sigmabooks.co.kr
전화 (02) 2062-5288~9
팩시밀리 (02) 323-4197
ISBN 979-11-6862-079-7 (04900)
        978-89-8445-911-3 (세트)

스페인 전도

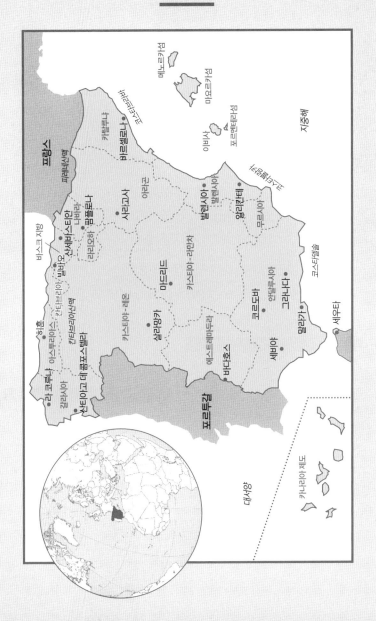

차 례

06 여가생활

07 여행 이모저모

08 비즈니스 현황

09 의사소통

보통 스페인이라고 하면 가장 먼저 뇌리에 떠오르는 것들이 있다. 바로 탐욕스러운 스페인 정복자들 콘키스타도레스를 묘사한 그림이라던가, 속세와는 거리가 먼 돈키호테, 용감무쌍한 투우사, 불꽃이 타오르듯 격정적으로 춤추는 플라멩코 무용수, 그리고 고야와 벨라스케스부터 피카소와 달리에 이르기까지 스페인을 대표하는 걸출한 화가들이다. 물론 이들 모두가 스페인의 얼굴임에는 틀림이 없다. 하지만 매일 만나게 되는 스페인의 실제 모습이 어떻게 이와 같은 스테레오타입에 정확히 딱 맞아떨어지겠는가?

확실히 스페인 사람들은 독특하다. 스페인을 방문하는 외국인들은 그들의 생기발랄함에 놀라고 그들의 친화력에 매료되기 마련이다. 스페인 국민은 자부심이 충만하고, 열정적이며, 즉흥적이고, 관대하면서도 충직하다. 다른 한편으로는 일을 질질 끄는 성향도 있으며, 지나칠 정도로 개인주의적이고, 의심이 많으며, 소란스럽다.

스페인은 유럽과 세계의 역사에 큰 영향을 미친 나라다. 700년 가까이 이슬람 무어인들의 지배 아래에 있는 동안 스페인에서는 그리스도교도와 유태인, 이슬람교도가 모두 조화롭게 어울려 살았다. 이렇듯 서로 다른 공동체에 속한 학자들은 나란히 고대 그리스와 로마의 텍스트를 번역해서 고전의 가르침을 중세 유럽에 전파했다. 그런데 아이러니하게도 정작 스페인은 이런 '새로운 가르침'의 수혜를 온전히 받지 못했다. 1492년의 '레콘키스타', 즉 이슬람 세력으로부터의 국토회복운동 이후, 스페인은 가톨릭 신앙의 수호자를 자처했고 종교 재판을 일삼으면서 그동안 스페인 땅에 존재했던 종교적 관용에도 종지부를 찍었다.

그 후 스페인은 개화의 황금기를 누리고, 아메리카 대륙을 발견하여 국부를 쌓았으며, 스페인 문화와 스페인어라는 위대한 유산을 남겼다. 오늘날 지구상에서 5억 명 이상이 사용하는 스페인어는 세계에서 많이 쓰는 언어 중 자리매김하고 있다. 20세기 들어 스페인은 쓰라린 내전에 신음하고, 36년간 지속된 독재 치하에서 우롱당하는 시련을 겪었다. 하지만 결국에는 프랑코 정권의 고립에서 벗어나 다시 한번 유럽과 국제무대에 반드시 필요한 일원이 되었다.

이 책은 현대 스페인의 복잡한 인간적 현실을 탐구한다. 스페인의 역사와 지리적 특징이 어떻게 지역적 차이를 낳았는지, 그리고 이와 동시에 어떻게 가치관과 사고방식을 공유하게 만들었는지를 다룬다. 또한 스페인 가정의 모습과 스페인 사람들의 비즈니스 방식을 소개하고 이들의 사교생활도 보여준다. 관습과 전통을 다루는 부분에서는 스페인을 찾는 방문객 입장에 있는 독자 여러분을 스페인 사람들의 끝없는 에너지와 대대로 내려오는 종교적 헌신의 세계로 안내한다. 비록 신자 수가 줄어들면서 세속국가가 되었지만, 스페인의 국가적 행사 중 많은 부분이 가톨릭에 그 뿌리를 두고 있다. 이 책의 내용 중 친구 사귀기와 의사소통을 다루는 부분은 여러분이 스페인 방문을 최대한 즐길 수 있도록 도와줄 것이다. 스페인 사람들을 잘 이해하면 할수록 여러분은 이 생기 있고 따뜻하고 다채로운 나라, 개인을 중요하게 여기고 인생의 즐거움을 최고로 치는 나라를 풍요롭게 경험할 수 있을 것이다.

공식 명칭	레이노 데 에스파냐(스페인 왕국)	나토, EU, OECD 회원국이며 G20 영구 초청국
수도	마드리드	
주요 도시	바르셀로나, 발렌시아, 세비야, 사라고사	
면적	50만 5,370km²(한반도의 약 2.3배)	제도(카나리아 & 발레아레스) : 1만 2,439km²
지리	스페인은 이베리아반도의 4/5를 차지하며, 서쪽으로 포르투갈과 국경을 접하고 있음	북동쪽으로는 피레네산맥을 경계로 프랑스와 접하고 있음
지형	지중해와 대서양 연안의 해안선, 넓은 메세타 중앙고원, 여러 산악지대 등 다양한 풍경을 볼 수 있음. 강물은 대부분 동쪽에서 서쪽으로 흐름	주요 산맥으로 피레네, 칸타브리아, 안달루시아, 시에라네바다산맥이 있음. 주요 하천으로는 타구스, 에브로, 두에로 강이 있음
기후	주로 지중해성 기후	내륙은 대륙성 기후의 특징을 보이며, 북부지방은 온화한 습윤기후 혹은 해양성 기후를 나타냄
인구	4,671만 9,147명(2022년 기준)	
민족 구성	언어권으로 구분되는 4대 민족이 있음	기타 소수 민족에는 히타노(집시)도 포함됨
언어	카스티야어(74% 이상 사용) 카탈루냐어(12%) 갈리시아어(8%) 바스크어(약 1% 이상 사용)	
종교	로마 가톨릭 99%	

정부	국가 차원에서 입헌군주제. 19개 지방자치단체는 17개 광역자치지역과 2개 자치시(아프리카 대륙의 세우타와 멜리야)로 이루어짐	헌법에서 지방자치단체의 자치권을 보장함
매체	국영, 자치단체, 민영 TV 채널	지방사무소가 있는 전국지로는 <엘 파이스>, <ABC>, <엘 문도>, <라 라손>, <푸블리코>가 있음
영어를 사용하는 매체	여러 도시에서 다양한 영자신문이 간행됨	
전압	220V, 50Hz	핀이 2개인 C형 플러그 사용. 미국산 전자제품을 사용하려면 변압기가 필요함
비디오/TV	PAL B 방식	일부는 NTSC 방식
인터넷 도메인	.es	
전화	국가번호 34	
시차	우리나라보다 7시간 늦음	

01

영토와 국민

스페인 국민은 특히 해외에 거주하거나 여행할 때면 애국심을 강하게 드러낸다. 이들은 자국의 문화와 음식, 기후, 국민에 대한 자부심이 대단하다. 스페인의 보통 사람들은 이 모든 것을 인생에서 의미 있다고 여긴다.

지리적 정보

유럽에서 가장 넓은 영토를 지닌 국가 중 하나로 꼽히는 스페인은 이베리아반도에 위치해 있다. 스페인과 함께 이베리아반도를 차지하고 있는 두 나라는 바로 스페인 서쪽의 포르투갈과 북쪽의 안도라 공국이다. 유럽 대륙과 반도를 잇는 부분을 가로지르는 피레네산맥은 스페인과 프랑스의 국경을 이룬다. 이베리아반도 중앙에 있는 메세타 대고원은 여러 산맥으로 둘러싸이거나 나뉘어 있다. 지리적으로 고원의 중앙에 위치한 마드리드는 고도가 635m로, 유럽에 있는 수도 중 고도가 가장 높다.

스페인에는 유럽에서 길이가 가장 긴 하천(타호강, 에브로강, 두에로강)도 있지만, 남동부의 레반테 지역과 카나리아 제도 대부분처럼 많은 지역이 물 부족으로 어려움을 겪고 있다. 이에 따라 발생하는 문제가 바로 침식이다. 스페인에서는 매년 수백만 톤의 표토가 바람에 날아가고 있다. 그렇다고 스페인 전역이 건조하고 척박한 것은 아니다. 갈리시아 지방의 깊은 만과 칸타브리아 지방의 해안, 피레네산맥의 눈 덮인 산악지대는 다채로운 스페인의 풍경 중 극히 일부에 불과하다.

관광객의 시점에서 보면 스페인의 해안선은 대단히 길다. 스페인에는 2,000개가 넘는 해변이 있으며 그중 많은 곳이 무척 아름답다. 전 세계 해변 중 경관이 뛰어나고 높은 환경 기준을 충족하는 여섯 곳을 '블루플래그' 해변으로 선정됐는데, 그중 하나가 스페인에 있다. 스페인 해변은 그 위치에 따라 이름이 붙여져 있다. 그중 유명한 곳이 코스타 브라바, 코스타 도라다, 코스타 데 아자하르, 코스타 블랑카, 마르 메노르, 코스타 델 솔, 코스타 드 라 루스, 리아스 바하스와 리아스 알타

아스투리아스 주 카브랄레스에 있는 '피코스 데 유로파'

스, 코스타 칸타브리카, 코스타 카나리아, 코스타 발레아르 등
이다.

전체 국토 면적은 50만 5,370km²이며, 여기에는 카나리아
제도와 발레아레스 제도, 북아프리카에 있는 2개의 스페인령
고립 영토 세우타와 멜리야가 포함되어 있다. 스페인에서는 믿
을 수 없을 만큼 다양한 자연을 즐길 수 있다. 영국의 박물학
자 채프먼과 벅의 『와일드 스페인Wild Spain (1893)』에서 다음과 같
이 썼다. "세상 어느 곳에서도 이만한 지역 안에 이런 장관과

기후의 극치를 만끽할 수는 없다."

기후

스페인은 온대기후지역에 위치해 있지만, 산지로 이루어진 자연환경으로 말미암아 일반적으로 습윤기후, 건조기후, 사막기후 등 세 가지 기후가 나타난다.

연 강수량 800mm 이상의 습윤기후(해양성, 산악성 기후)는 갈리시아 지방의 북서해안지역과 카탈루냐 내륙지역, 프랑스와 국경을 접하고 있는 북동해안지역에 나타난다. 이들 지역은 연중 기온 변화가 크지 않으며, 겨울에는 온화하고 여름에는 시원하다. 하늘에 구름이 많고 비도 자주 내리는 것이 보통이지만, 여름에는 덜한 편이다.

스페인 국토의 약 72%는 연 강수량이 300~800mm를 기록하는 건조기후(지중해성, 대륙성 기후)지대에 해당한다. 동부의 레반테 지역과 카탈루냐 해안지대, 발레아레스 제도 대부분 지역뿐만 아니라, 중앙고원지대, 북동지역의 에브로강과 안달루시아 지방의 과달키비르강 계곡이 이러한 기후 특징을 보인다. 이 기후지대에서는 여름이면 선명한 파란 하늘에 강렬한 햇볕이 내리쬐고 수명이 짧은 국지성 뇌우가 발생하기도 한다.

연 강우량 300mm 미만에 해당하는 사막기후는 레반테 일부 지역과 (남동부의) 무르시아 해안, 일부 내륙지역에 나타난다.

카나리아 제도의 기후는 산지를 제외하고 대체로 건조한 대서양성 아열대기후다. 이곳은 거의 언제나 섭씨 20℃가 살짝 넘는 기온을 유지하며 계절에 따른 기온 차는 미미한 수준이다.

지역성

스페인 국민은 특히 해외에 거주하거나 여행할 때면 애국심을 강하게 드러낸다. 이들은 자국의 문화와 음식, 기후, 국민에 대한 자부심이 대단하다. 스페인의 보통 사람들은 이 모든 것을 인생에서 의미 있다고 여긴다. 따라서 여러분은 열정적으로 다른 지역에 맞서서 자신의 출신지역을 옹호하며 열변을 토하는 스페인 사람을 보면 놀랄 수도 있다. 이런 장면이 연출되는 이유는 대개 스페인 사람마다 자국의 역사에 대한 인식이 다르기 때문이다. 또한 그 역사가 각자의 출신지역에 어떤 식으로 영향을 미쳤는지에 대해서도 서로 다르게 인식하고 있기 때문이다.

물론 이렇다 할 스페인 사람의 전형적인 모습은 없다. 하지만 다른 문화권과 마찬가지로 스페인의 각 지역별로 정형화된 이미지는 많다. 가령, 북동부의 카탈루냐 사람이라면 사업수완이 좋고 욕심이 많다는 이미지가 지배적이다. 남부의 안달루시아 사람은 다혈질에 활기차다고 알려져 있으며, 중부의 메세타 고원지대에 사는 카스티야 사람은 성격이 좋고 돈키호테처럼 떠돌이 악당같은 사람이 많다고 하는 식이다. 말하는 억양이나 표현, 버릇 등을 주의 깊게 살펴보면 어느 지역 출신인지 구별하는 것도 가능하다. 과거에는 산맥들로 말미암아 지역 간 소통에 방해를 받았고, 서로 다른 기후가 지역별 성향에 영향을 미쳤으며, 이 때문에 분열이 생겨나서 현재까지도 극복하지 못하고 있다. 스페인은 1492년에 가톨릭 군주 페르디난드 왕과 이사벨라 여왕이 혼인하여 카스티야와 아라곤을 통합한 후 이슬람 세력을 물리쳤다. 하지만 이보다 훨씬 전부터 이베리아반도에는 다양한 왕국이 존재했다. 따라서 카스티야가 스페인 지역을 지배했지만 이는 다른 왕국들에게는 권력

약화 그 이상을 의미하지 못했다. 즉 스페인은 명목상으로만 통합되었던 셈이다. 스페인의 황금기 동안에는 실로 어마어마한 부가 축적되었으나 나라 전체가 수혜를 입은 것은 아니었다. 대부분의 부는 카스티야로 집중되었거나 항구에 남아 있었다. 일찍이 주요 무역 세력이었던 카탈루냐는 처음에는 아메리카 대륙과의 교역을 허가받지도 못했다.

바스크 지방과 카탈루냐 지방은 부단한 투쟁 끝에 1978년 스페인 중앙정부로부터 자치권을 획득했다. 그 후 갈리시아, 안달루시아, 아스투리아스, 칸타브리아가 뒤를 이었고, 오늘날 스페인은 19개의 광역자치지역으로 구성되어 있다. 카탈루냐 지방은 스페인에서 가장 현대적이고 세계적인 곳이라고 자부한다. 일부 시민과 정치인들은 이러한 인식을 이용해서 카탈루냐 사람들과 나머지 스페인 사람들 사이에 거리감을 조성하고, 더 나아가 카탈루냐를 분리국가로 독립시키려는 활동을 벌이고 있다.

스페인은 지역에 따라 기후와 전통이 다르고, 일부 지역주민의 특징적인 기질이 지역 고유 언어와 방언 때문에 더 부각된다. 이 때문에 스페인 사람들은 타지방으로 이사할 경우 초기에는 방향감각을 잃고 혼란스러워하기도 한다.

하지만 일반적으로 현대 스페인 사람들은 조국에 대한 자부심이 크다. 1975년 프랑코가 사망하자, 독재에 지친 스페인은 민주주의를 갈구하고 국제사회의 일원으로 돌아가기를 열렬히 희망했다. 그 후 1986년에 스페인은 EU와 나토 회원국이 되었다.

간략한 역사

얼마 되지 않는 지면에 스페인의 풍부하고 다채로운 역사를 다 담기란 불가능하다. 따라서 앞으로 소개할 스페인 역사는 간략한 요약본에 불과하다는 점을 밝힌다.

【 초기 거주민 】

이베리아반도에는 수십만 년 전부터 인류가 거주했다. 홍적세 중기(최소 28만 년 된)의 인골이 쿠에바 마요르(부르고스 주 아타푸에르카에 있는 동굴)에서 발견되어 유럽에서 인류의 진화를 파악하는 데 기여했다.

고대에 이베리아반도에서 살았던 가장 오래된 민족은 이베로족으로 알려져 있다. 지중해와 남대서양 해안지역을 따라 정착했던 이베로족은 오늘날 이베리아반도 원주민으로 여겨지고 있다. 켈트족은 주로 피레네산맥 서쪽을 제외한 서부와 북부에 거주했다. 서부 피레네산맥에는 바스크족이 살았는데, 이들의 기원은 지금도 확실히 알려져 있지 않다.

고대 그리스인도 스페인에 진출했으나 북동부에 단 두 곳만 정착지를 건설했을 뿐이다. 스페인에서 발견된 고대 그리스 유물 중 다수가 페니키아인 중간상을 통해 전해진 것이다. 기원전 9세기에 페니키아인들은 카디스에 첫 번째 정착지를 건설한 후 지중해 남동 해안을 따라 정착했다. 이들은 기름과 포도주를 은과 교환했을 뿐만 아니라 종교사상과 숙련된 금속세공술, 문자를 전달했다. 때때로 '동양화된' 선사시대 스페인으로도 알려져 있는 이 시기는 이베리아 문화에 막대한 영향을 주었다. 기원전 6세기가 가까워지면서 식민지 수는 감소했다. 그럼에도 남아 있던 식민지는 서부 지중해 지역에 있는 페니키아인 정착지 중 가장 중요한 곳이었던 카르타고와 가까운 곳들이었다. 하지만 기원전 218년까지 카르타고인들은 명장 한니발의 지휘하에 이베리아반도 북쪽으로 치고 올라가 로마제국의 분노를 샀다.

【 로마인 】

기원전 2세기에 로마인들은 카탈루냐 지방 혜로나 주에 있는 암푸리아스에 도착하여 카르타고를 함락하고 스페인을 로마제국의 일부로 흡수했다. 하지만 로마인들이 카르타고인들을 진압하는 데 200년이 걸렸다. 이들은 도로와 관개시설, 놀라운 공학시설을 건설했다. 그중 인상적인 사적지 몇 곳이 오늘날까지 남아 있다. 예를 들면 세고비아에 있는 송수로, 알칸타라에 있는 타구스강 위로 지은 다리, 메리다에 있는 원형극장 등이다. 현재 스페인의 언어와 종교, 법은 바로 이 시기에 뿌리를

에스트레마두라 메리다에 있는 로마 극장은 기원전 16년과 15년 사이에 지어졌으며, 스페인의 12개 보물 중 하나로 지정되었다.

둔다. 당시 스페인 도시에 살던 일부 상류층은 로마제국 엘리트의 일원이 되었다. 그중에는 철학자이자 작가 세네카와 시인 마르티알리스를 비롯해서 로마 원로원의 몇몇 의원들도 포함되어 있다. 원로원 의원 가운데 트라야누스와 하드리아누스는 훗날 로마제국의 황제가 된 인물이다.

기원후 5세기에는 서고트족이 이베리아반도로 진출했으나, 이베로-로마인 근거지는 7세기가 되어서야 완전히 정복되었다.

【 아랍의 영향 】

711년, 북아프리카의 무어족은 불과 약 13km를 항해하여 스페인과의 경계를 넘어오더니, 몇 년 만에 서고트족을 스페인 북부에 있는 칸타브리아산맥으로 쫓아버렸다. 그 후 무어족은 800년 넘는 세월 동안 스페인을 지배했다. 이 시기는 이슬람교인과 그리스도교인, 유태인이 다 함께 평화롭게 공존하던 관용의 시대였다. 그러니까 중세 스페인은 서유럽에서 유일무이한 다인종, 다종교 국가였다. 후기 중세시대 종교, 문학, 미술, 건축 분야에서 스페인 문명이 발전을 이룬 바탕에는 바로 이러한 점이 크게 작용했다. 무어족이 건설한 많은 아름다운 건물(세비야에 있는 히랄다의 탑과 성채, 마법과 같은 그라나다의 알함브라 궁전

그라나다 알함브라 궁전의 사자궁

등)은 오늘날에도 우리 마음을 사로잡는다.

이 기간 동안 스페인 땅에서는 여러 토후국이 부침을 거듭했다. 예를 들면, 후기 우마이야 왕조는 눈부신 문명을 창조했으나 왕조 존속 기간은 겨우 100년을 넘겼을 뿐, 이내 수많은 경쟁 공국으로 쪼개어졌다. 그러는 동안 사료 편찬, 서예, 시, 음악, 식물학, 의학, 수학, 천문학, 상아 조각, 금속공예 등 다채로운 분야가 궁중문화로 수용되었다. 무어족은 1492년까지는 스페인 땅을 떠나지 않았지만, 이미 13세기 하반기에 세력이 약화되어 이슬람의 영향권은 그라나다에만 한정되었다.

【레콘키스타】

이처럼 무어족 안에서 여러 토후국이 생겨났던 것과 마찬가지로 그리스도교권 스페인 안에서도 분열이 일어났다. 스페인은 여러 왕국으로 쪼개어졌고 이들은 15세기 하반기가 될 때까지 세력을 규합할 기미를 보이지 않았다.

마침내 아라곤의 페르디난드 왕과 카스티야의 이사벨라 여왕이 적어도 서류상으로는 그들의 왕국을 통일했다. 실제로 두 사람의 재임 기간 동안 이들은 각기 자신의 왕국을 독립적으로 통치했다. "탄토 몬타, 몬타 탄토, 이사벨 코모 페르난도 (이사벨라와 페르디난드는 결국 둘 다 똑같다)"라는 말이 있다. 이는 당시로서는 매우 흔치 않았던 혼전합의서에 따라 이 두 사람이 동등한 권력을 가졌음을 나타낸다. 두 '가톨릭 국왕'의 혼인은 '재정복'이라는 의미의 레콘키스타^{Reconquista}로 이어졌다. 레콘키스타는 '이교도'에게 빼앗겼던 영토를 회복하는 투쟁에 붙여진 이름으로, 국토회복운동이라고도 불린다.

대대적인 종교재판에 힘입어 이들은 스페인을 아랍의 지배에서 해방시키고 종교적 통일을 이루는 사업에 착수했다. 무어족과 유태인들은 스페인에서 지식인과 상인 엘리트층이 부상하는 데 활발히 기여했으며 그리스도교권 스페인 사회에서 많은 행정 요직을 차지했다. 이 때문에 스스로를 이교도에 맞서는 그리스도교의 수호자로 생각했던 사람들에게 무어족과 유태인은 질투와 증오의 대상이 되었다.

강제 개종을 강요하는 과정에는 재산 몰수와 고문도 포함되었다. 더욱이 고문을 받다가 죽는 경우가 자주 발생했다. 스페인 종교재판소는 이교도를 근절하기 위해 1478년에 설립되었다. 마지막 남은 무어족 산하의 도시 그라나다가 1492년에 함락된 이후, 그리스도교로 개종을 거부한 모든 유태인들은 국외로 추방되었고, 개종한 자들은 종교재판의 대상이 되었다. 종교재판소의 역할은 개종을 통해 탄생한 '새로운 그리스도교 신자' 가운데 신앙을 버리고 옛 종교로 되돌아가는 사람들이 생기지 않도록 막는 것이었다.

이후 종교개혁기에 접어들자, 교회는 이교도에 대한 두려움 때문에 새로운 사상이 생기는 것을 반대하고 억압했다. 이로 말미암아 스페인은 지적인 측면에서 서서히 보수주의로 뒷걸음질하게 되었다.

1609년, 마지막 무어인이 떠나면서 스페인은 농업과 행정 분야의 전문가를 모두 잃었다. 그래도 다행히 어느 정도는 이슬람의 영향이 곳곳에 남았다. 다른 나라 출신의 많은 그리스도교인들도 무어인들과 공동으로 학문을 연구했다. 그런 대표적인 사례가 바로 12세기 톨레도에 세워진 번역학교다. 이곳에서는 유대교와 그리스도교, 이슬람교 학자들이 어깨를 나란히 한 채 함께 일했다. 그리고 그 결과물로 탄생한 많은 라틴어 번역물 덕분에 인류 지식과 철학의 보고는 스페인뿐만 아니라 이탈리아와 프랑스로 전해져서 르네상스의 씨앗이 되었다.

【황금기】

그라나다를 정복함으로써 카스티야는 국내 분쟁 대신 해외 식민지 개척에 주력할 수 있게 되었다. 이러한 새로운 정책은 콜럼버스가 이사벨라 여왕으로부터 받은 지원을 보면 잘 알 수 있다. 1492년, 아시아로 가는 새로운 항로를 개척하기 위해 떠났던 해외원정에서 콜럼버스는 아메리카, 즉 신세계를 발견하는 위업을 달성했다. 스페인과 포르투갈은 신대륙을 서로 나누어 가졌다. 남아메리카, 중앙아메리카, 북아메리카 거의 대부분과 필리핀은 스페인 속령이 되었다. 스페인 정복자 콘키스타도레스의 주요 목표물은 바로 신대륙의 금과 은이었다. 이들은 원주민을 착취하여 엄청난 양의 금과 은을 스페인으로 가져갔다. 16세기에 스페인은 세계 최고의 강대국이었다. 거대한 제국을 건설하고, 세계의 모든 바다에 스페인 함대를 띄웠으며, 눈부신 문화와 예술, 지식을 꽃피웠다.

세비야 대성당에 있는 콜럼버스의 무덤

카를로스 1세(1519년에 신성로마제국의 황제로 선출되어 카를로스 5세가 되었다)가 즉위할 때까지 스페인은 여전히 여러 왕국과 공국으로 분열되어 있었다. 하지만 1556년 그가 자신의 아들 펠리페 2세에게 왕위를 물려줄 즈음, 스페인은 중앙집권화한 절대왕정의 길로 접어들었다. 물론 카탈루냐와 나바라, 아라곤, 발렌시아, 바스크 지방에는 여전히 상당한 수준의 자치가 허락되어 있었지만 말이다. 이렇듯 스페인 내부에서 권력 이동이 이루어지면서 최고의 무역지대였던 카탈루냐는 신대륙이라는 새로운 시장에서 지분을 하나도 얻지 못했다. 뿐만 아니라 실제로 신세계와의 어떠한 거래도 금지되었다. 이로써 유태인과 카탈루냐인을 교역무대에서 제외한 스페인은 가장 활발한 경제활동을 하던 시민을 잃고 말았다. 그 결과 훗날 스페인은 독일과 이탈리아 자본가들에 의존할 수밖에 없게 되었다.

당시 아메리카 대륙에서 획득한 보물 중 극히 일부만이 경제에 투자되었던 것으로 보인다. 보물 대부분은 궁중에서 전시품으로 사용되거나, 수입품 대금을 지불하고 해외에 주둔한 군대의 비용을 대거나 해외 채권자들을 만족시키는 데 쓰였다. 이에 따라 스페인은 속령으로 있던 신세계에서 어마어마한 보물을 얻었음에도 여전히 가난한 나라 신세를 벗어나지 못했다.

이미 스페인에서 지배적인 위치를 차지하고 있던 가톨릭 교회는 16세기에 세력을 더욱 확장했고, 스페인 종교재판소는 최고의 권력을 휘둘렀다. 이와 동시에 반종교개혁을 통해 신교에게 빼앗겼던 유럽을 되찾고 가톨릭 국가들의 영성을 고양하려는 노력을 기울였다. 그리고 그 중심에는 군인 출신의 성 이냐시오 데 로욜라가 설립한 예수회가 있었다. 예수회 선교사들은 세계 전역으로 가서 수백만 명을 가톨릭으로 개종시키는 데 성공했다. 예수회 성직자들은 목숨을 걸고 활동했다. 개종을 위해 전도활동을 하던 사제 수천 명이 박해를 받거나 살해되었다. 하지만 인도나 중국과 같은 일부 국가에서는 예수회 성직자들을 지혜와 과학에 정통한 현자로 대접하며 환대하기도 했다.

예수회는 교육을 최고로 중요하게 여겼다. 거의 모든 유럽 주요 도시에는 예수회에서 설립한 학교와 대학이 있었으며, 예수회는 150년 동안 유럽 내 교육을 이끌던 선두주자 역할을 했다(하지만 교황청 정책을 따르던 예수회는 훗날 교황과 부르봉 왕조 사이의 갈등에 연루되었고, 18세기 중반에는 스페인을 포함한 많은 나라에서 추방되었다. 이후 예수회는 1814년에 다시 설립되었다).

마드리드 에스파냐 광장에 있는 돈키호테와 산초의 동상

이 시기는 스페인의 미술과 문학에 있어서도 진정한 황금기였다. 세익스피어의 『햄릿』과 호머의 『일리아드』에 비견되는 세르반테스의 『돈키호테』가 발표되면서 스페인 소설은 최고의 전성기를 구가했다. 예절, 지조, 용맹, 충성을 이상으로 삼으며 인기를 얻던 기사도 소설을 조롱하는 내용을 담은 『돈키호테』는 피카레스크 소설(떠돌이 악당을 뜻하는 피카로의 모험을 그린 소설)의 전통을 따른다고 평가되기도 한다. 소설 외에도 가르실라소 데 라 베가, 후안 데 라 크루스, 루이스 데 공고라 같은 많은 위대한 시인이 탄생했다. 극장에는 로페 데 베가, 티르소 데 몰리나, 칼데론 데 라 바르카의 작품이 무대에 올려졌다. 풍요롭기는 미술계도 마찬가지였다. 디에고 벨라스케스, '엘 그레코(도메니코스 테오토코폴로스)', 수르바란, 무리요 등이 당대를 풍미하던 뛰어난 화가다.

【 쇠퇴기 】

펠리페 2세는 스페인 본토와 함께 시칠리아와 나폴리, 사르디니아, 밀라노, 프랑슈콩테, 네덜란드, 스페인 식민지 전역을 물려받았다. 그의 통치기간은 지금도 '해가 지지 않는 제국'이라는 말로 표현된다. 그러나 많은 비용이 드는 기나긴 전쟁과 반란이 이어진 데다 1588년에 '무적함대'가 영국에 패하면서 유럽에서 스페인의 세력이 약해지기 시작했다. 19세기에는 나폴레옹이 침략하여 그의 형을 스페인 왕좌에 앉힘으로써 격렬한 갈등이 시작되었다. 이를 두고 스페인에서는 독립전쟁, 영국에서는 반도전쟁이라고 부른다. 스페인은 프랑스를 몰아내는 데 성공했지만, 여기에는 영국과 포르투갈의 도움이 있었다. 그 후 스페인 식민지 대부분에서 반란이 일어나고 독립이 이루어졌다. 이외에도 왕위계승을 둘러싼 전쟁이 세 차례 일어났고, 잠시 군주가 축출되었다가, 제1공화국(1873-1874)이 수립되었다. 이때 스페인을 연방제 국가로 만들자는 의견이 나오기도 했다. 마침내 스페인-미국 전쟁(1898)이 스페인의 운명에 종지부를 찍었다. 이 전쟁의 결과 스페인은 쿠바와 푸에르토리코, 필리핀을 미국에 빼앗겼고, 제국의 시대도 끝이 났다.

19세기 말 무렵, 스페인 사회 내부에 깊은 분열이 일어났다. 사회주의와 무정부주의적 노동조합 정당들이 하류계층에서 광범위한 지지를 얻기 시작한 것이다. 특히 공업이 발달한 카탈루냐와 농업이 발달한 안달루시아, 아스투리아스의 광업지대에서 이런 현상이 두드러졌다. 파업과 폭동, 이에 대한 잔혹한 탄압이 빈발했다. 교회가 지주 편에 서자 반교권주의 감정이 증폭되었다. 반교권주의 운동은 혁명적이고 심지어 진보적이기까지 했으나 폭력적인 양상을 띠는 경우가 많았다. 그러는 동안 군부는 스페인 사회 내 핵심 가치의 수호자 역할을 자처하면서 이 모든 상황을 면밀히 관찰했다.

1923년, 알폰소 13세가 미구엘 프리모 데 리베라 장군의 군부 독재를 지지하면서 국민의 불신이 깊어졌다. 이후 1930년에 프리모 데 리베라 장군이 사임한 후, 1931년에 실시된 선거에서 공화파가 다수를 차지하게 되었다. 이때 알폰소 왕은 망명했다(1931년 4월 14일). 정부는 카탈루냐와 바스크 지방의 자치를 허용하고 교권을 제한하는 등 일련의 개혁을 실시했다. 그러자 보수파는 더 많은 변화가 일어날까 두려운 나머지 1933년 선거에 보수 통합으로 맞섰다. 반면 좌파 내부에서는 분열 조짐이 보이더니 결국 각 정당별로 개별적으로 선거에 출마했다. 결과는 좌파의 참패였다. 이렇게 들어선 우익 정부는 정권을 잡자마자 1931년부터 실시해온 개혁을 거꾸로 되돌리는 작업에 착수했다.

【 스페인 내전 】

1936년에 실시된 다음 선거에서는 몇몇 좌익 정당이 연합한 인민전선이 승리하고, 그 결과 개혁 정책이 다시 한번 실시되었다. 그러자 보수 세력은 즉시 개혁에 저항할 계획을 짜기 시작했다. 군부 쿠데타가 일어날 것이라는 루머가 돌면서 정부는 다수의 고위 장성을 외지에 있는 한직으로 발령하여 이들 사이에 소통을 어렵게 만들

프란시스코 프랑코 장군

고자 했다(이때 프란시스코 프랑코는 모로코로 파견되었다). 하지만 이같은 노력에도 불구하고 7월 18일 보수 군부가 반란을 일으켰다. 반란 주동자들은 손쉽게 승기를 장악하리라 예상했다. 하지만 민간인들이 정부를 지지하며 무기를 들고 일어났다. 그러자 반란군 혹은 민족주의자들은 이내 프란시스코 프랑코 장군의 지휘하에 들어갔다. 이들은 가장 보수적인 세력, 특히 왕당파와 대부분의 군 장교, 교권주의자, 지주와 자본가, 카를로스주의자(진보적 세속주의와 정치·경제적 모더니즘에 반기를 든 우익 정치단체)를 결집시켰다.

스페인 사회주의 노동조합인 UGT의 스페인 내전 포스터. 1937년 외국의 지원을 받는 프랑코와 그를 따르는 장군, 자본가, 사제의 모습을 캐리커처로 보여준다.

이제 국외의 도움이 필요하다는 사실을 깨달은 우익 반군 세력은 이탈리아와 독일, 포르투갈의 파시스트 독재정권에 지원을 요청하여 이들로부터 보급품과 인력을 지원받았다. 하지만 해군이 여전히 정부에 충성하자, 히틀러는 공군을 파견하여 스페인령 모로코에서 병사와 장비를 운송하기 시작했다. 4월, 이들은 바스크 지방의 도시 게르니카를 파괴했고 이러한 만행에 전 세계가 충격에 빠졌다.

영국 지식인층과 노동계층이 보편적이고도 광범위하게 스페인 공화파를 지지했음에도 불구하고, 보수파 영국 정부는 조치를 취하지 않는 쪽을 선택했다. 물론 스페인 내전이 국제적인 분쟁으로 비화될까 봐 우려했던 측면도 있다. 하지만 영국 정부는 스페인 정부의 정책보다는 반군 측 보수정책에 더 공감하고 있었다. 프랑스는 스페인 정부 측과 교감했으나, 자국 군부에 대한 두려움 때문에 더 이상의 행동을 취할 입장이 아니라는 판단을 했다. 프랑스는 20대 정도 되는 비행기를 보내더니 내정불간섭정책을 제안했고 내전이 끝날 때까지 이런 입장을 고수했다(하지만 독일과 이탈리아는 이런 정책쯤은 그저 무시해버렸다). 결국 좌익 정부군은 겨우 러시아와 멕시코로부터 변변치 못한 지원을 받았을 뿐이었다.

사실 1936년 스페인 선거는 이미 노동계층의 위대한 승리로 간주되었던 사건이었다. 따라서 세계 곳곳에서는 스페인 군부의 봉기를 노동자 인민의 이익에 대한 공격으로 받아들였다. 외국 군대가 금세 개입하면서 스페인 내전은 국제분쟁이 되었으며, 전 세계적으로 증가하는 파시즘과 민주주의 사이의 투쟁을 보여주는 단적인 사례가 되었다. 해외에서 자원병이 도착해 양쪽 진영에서 싸움을 벌였다. 정부군 편에서 싸웠던 이들은 국제여단이라고 불렸다. 이들은 실로 다양한 좌익 단체 출신이었지만 거의 항상 공산당의 지휘에 따랐다. 이 때문에 마르크스주의 통일노동자당POUM과 무정부주의자 등 다른 공화주의 단체들과 문제가 발생했다. 이들은 1937년 5월 바르셀로나에서 수일간 폭동과 투쟁을 벌였던 단체다. 이처럼 좌파 내부에 불화가 일어나면서 좌파 정신이 훼손되고 군대 전력도 약화되었다.

　군사적으로 열세에 있었고 피 튀기는 내분을 겪었음에도 불구하고, 정부군은 그래도 스페인 중부를 중심으로 놀랄 만큼 결연히 저항했다. 그러나 1938년 초에 정부군의 영토는 급격히 줄어들었고, 1939년 1월 바르셀로나가 함락되면서 전쟁은 거의 끝난 상태가 되었다. 3월, 마드리드가 항복하면서 정부군과 수많은 난민이 프랑스로 탈출했다.

내전 기간 동안 스페인 전체 인구의 3.3%가 사망하고 7.5%는 부상당했다. 스페인 내전 중에 원인을 막론하고 50~60만 명이 사망했으며, 이 중 22만 명은 프랑코주의의 탄압이 직접적인 원인이 되어 사망한 것으로 보고 있다. 공화파 통제 아래에 있던 지역을 경제적으로 고립시킨 결과, 영양실조로 민간인 약 2만 5,000명이 사망한 것으로 알려져 있다. 내전 후 프랑코 정부가 공화파 죄수 10만 명을 처형했다는 주장도 제기되었으며, 이후 강제수용소에서 3만 5,000명이 추가적으로 사망한 것으로 추산된다.

【 프랑코 독재시대 】

내전이 끝난 후 프랑코의 독재정치가 시작되었다. 프랑코는 교회의 특권적 지위를 회복시키고 교회 자산을 돌려주었다. 모비미엔토 나시오날(국민운동)은 유일한 정당이 되어 우익단체 전체를 아울렀으며, 좌파 야당은 억압을 받았다. 코르테스(의회)와 카탈루냐와 바스크 자치정부는 폐지되었다(그래도 코르테스는 1942년에 다시 수립되었다). 스페인은 제2차 세계대전 동안 추축국(독일과 이탈리아)에 지원을 보내기는 했지만 실제로 전투에 참여하지는 않았다. 하지만 프랑코 정권의 합헌성을 인정하기를 거부했던 유엔은 1946년에 각 회원국에게 스페인과의 외교관계를 단절할 것을 촉구했다. 이런 내용의 유엔 결의안은 1950년이 될 때까지 철회되지 않았다. 1953년, 미국과 맺은 협정에 따라 스페인에는 미군이 주둔하게 되었고 경제·군사적 지원을 받게 되었다. 1955년, 마침내 스페인은 유엔에 가입했다.

1950년대에는 정치적 불안이 고조되는 상황이 점점 더 명백해졌다. 부분적으로는 프랑코 정권의 후계 문제도 그 원인이었다. 1960년대 초에는 긴 세월 동안 침묵을 지켰던 교회가 억압적인 독재에 반대 목소리를 내기 시작했다. 1962년에는 아스투리아스에 있는 석탄 탄광을 시작으로 일련의 파업이 일어났다. 이는 스페인 전반에 불만이 넓게 퍼져 있었음을 보여준다. 학생 시위도 일어났다. 또한 바스크의 분리주의운동도 정권에는 또 하나의 심각한 문제였다. 바스크 테러조직 ETA(바스크 조국과 자유)는 정권에 반기를 들고 투쟁을 벌였다. ETA가 이룬 가장 큰 성공은 프랑코의 총리 카레로 블랑코를 1973년에 살해한 일이다. 이 정권 기간 내내 ETA는 많은 민중의 지지를 얻었지만, 민주주의가 회복된 후에는 상황이 달라졌다.

1966년에 프랑코는 새로운 기본법(헌법)을 반포했다. 신헌법에 따라 정부수반과 국가수반이 분리되었고, 코르테스 소속 의원의 약 1/4이 직접선거로 선출되었으며, 기혼여성에게 투표 권이 부여되었고, 종교의 자유가 법적 권리로 보장되었으며, 노동조합에 대한 정부의 통제가 종식되었다. 하지만 신생정당 결성은 여전히 좌절되었다. 언론 검열은 1966년으로 끝이 났지만 그래도 강력한 가이드라인이 제시되었다.

경제적인 측면에서 스페인은 1960년대와 1970년대 초에 획기적인 발전을 이루었다. 부분적으로는 오푸스데이^{Opus Dei}(1928년 스페인의 에스크리바 신부가 창설한 로마 가톨릭 성직 자치단체로서, 그리스도교의 가치를 고취하고 자유주의와 부도덕을 억제하기 위한 활동을 한다. 이 단체는 정체가 베일에 싸여 있고, 엄격한 규율을 강조하며, 보수주의를 표방하고 부를 지니고 있어서 가톨릭 내부에서도 논란의 대상이다)의 지지를 받은 자유로운 경제정책이 촉진제 역할을 했다. 특히 관광, 자동차, 건설 산업의 성장이 돋보였다.

【 과도기 】

1969년, 프랑코는 그의 후계자로 스페인 왕실의 적자인 망명한 국왕 알폰소 13세의 아들 후안 카를로스 왕자를 지명했다. 프랑코와 그의 정권에 대한 충성맹세를 한 후안 카를로스 왕자는 프랑코 정권을 유지하려는 듯 보였다. 하지만 사실 그는 개혁주의를 열망하고 있었다. 1975년 11월 20일 프랑코가 사망하고 그 이틀 후, 후안 카를로스가 국왕에 즉위하자 새로운 시대가 열렸다. 평화로운 가운데 민주주의 체제로 이행하게 된 것이다.

하지만 보수적 성향의 정부수반 아리아스 나바로 총리는 국왕이 지지하던 민주주의로의 이행을 이끌 능력이 없었다. 나바로가 1976년에 사임하자, 그의 뒤를 이어 프랑코 정권에서 장관을 지낸 바 있는 아돌포 수아레스 곤잘레스가 총리에 올랐다. 그는 1년 안에 선거를 실시하기로 공약하며 취임했다. 그가 이끈 정부는 새로운 정권을 자유화하는 일련의 법을 제정하기 위한 조치를 취했다.

1977년 6월 15일, 마침내 1936년 이래 처음으로 스페인에서 선거가 실시되었다. 수아레스 총리가 이끄는 신생정당 민주중도연맹^{UCD}이 34%의 득표율을 기록했다. 수아레스 총리의 지휘 아래 새로 구성된 의회는 민주적 헌법 작성에 착수했고, 이 헌법은 1978년 12월에 실시된 국민투표에서 압도적인 찬성표를 받아 통과되었다. 이 헌법을 바탕으로 바스크 지방과 카탈루냐, 그리고 스페인 내 다른 지방마다 다양한 수준의 자치권이 부여되었다.

하지만 일부 바스크 분리주의자들은 이 정도로 만족하지 않았다. 바스크 테러조직 ETA는 1990년대에 다수의 지도자가 체포된 이후로 폭력성이 약화되기는 했지만, 그래도 여전히 살해 행위를 자행하고 있다. 테러와 경제 불황에 직면한 UCD는 여러 파벌로 쪼개어졌고, 지방선거에서 참패를 당한 후 1981

사회주의노동당 대표 펠리페 곤잘레스

년 1월 수아레스 총리가 사임했다.

　수아레스 총리의 후임으로 마찬가지로 UCD 당원 출신의 레오폴도 칼보 소텔로가 총리직에 올랐다. 그의 취임에는 걸림돌이 있었는데, 1981년 2월 23일 안토니오 테헤로 중령이 군사 쿠데타를 기도하여 코르테스를 점거하고 정부와 의원들을 18시간 동안 장악한 것이다. 그러나 민주주의 헌법에 대한 후안 카를로스 국왕의 확고한 지지로 쿠데타는 실패로 돌아갔다. 이 사건은 스페인 국민이 국왕을 낡은 체제로 이루어진 장기판 위의 말이 아닌 민주주의의 진정한 승리자로 인식하는 계기가 되었다. 이렇게 취임한 칼보 소텔로 총리에게는 민주주의에 대한 신뢰를 회복하는 임무가 주어졌다. 그가 이룬 최고의 업적은 1982년에 스페인을 나토에 가입시킨 것이다.

　1982년 10월 선거로 스페인 정치는 프랑코 정권이 남긴 유산과 최종적으로 인연을 끊게 되었다. 펠리페 곤잘레스가 이끄는 사회주의노동당PSOE이 절대다수 의석을 확보하며 코르테스에 입성했기 때문이다. 곤잘레스 정부는 프랑코 정권에서 일했던 전력이 있는 정치인이 한 명도 포함되지 않은 첫 정부가 되었고, 이로써 새로운 미래로 향하는 포석을 놓았다. 스페인은 1986년에 유럽공동체 회원국이 되었고, 1992년에는 세비야 엑

스포와 바르셀로나 올림픽을 개최하여 명성을 떨쳤다. PSOE
는 1996년까지 집권했고, 그 뒤를 이어 중도우파 정부가 들어
섰다. 국민당[PP] 총수인 호세 마리아 아스나르 로페스는 카탈루
냐 동맹과 연정을 이루어 총리가 되었다. 아스나르 총리는 긴
축재정과 민영화 프로그램을 도입했고, 스페인 경제는 괄목할
만한 성장을 이룩했다. 1999년 스페인은 EU 단일통화체제에
합류했고, 스페인이 구가하던 경제적 번영은 2000년 3월 총선
에서 아스나르 총리가 이끄는 국민당이 의석의 과반수를 차지
하도록 견인하는 역할을 했다. 이리하여 마침내 스페인은 안정
적인 민주주의 국가로 자리 잡았다.

정치 현황

이후로 스페인 정계에는 많은 변화가 생겼다. 스페인의 거대
양당인 중도좌파 사회주의노동당[PSOE]과 중도우파 내지는 우파
성향 국민당[PP]이 30년 이상 번갈아 집권하던 시대가 마침내
막을 내렸다. 2011년 봄, 인디그나도스(분노한 사람들-옮긴이) 대
중운동이 촉발되면서 정치 무대에는 새로운 시나리오가 등장

했다. 스페인 곳곳의 주요 도시에서 수많은 사람이 주요 광장으로 뛰쳐나와 국민의 뜻이 제대로 반영되는 '진정한 민주주의'를 요구했다. 이 대중운동이 촉매제가 되어 새로운 정치세력을 정치권에 진출시키면서 정치지형의 변화를 가져왔다. 전국 범위의 정당 3개가 출현하여 유의미한 수준의 지지를 얻은 것이다.

포메도스^{Pomedos}(할 수 있다)는 조금 더 좌파 성향이 강한 정당이며, 중도에서 중도 우파를 지향하는 시우다다노스^{Ciudadaos}(시민)는 최근 세력을 잃은 국민당^{PP}(2019년 선거에서 사상 최악의 성적표를 받았다)의 진정한 대안 정당은 자신뿐이라고 주장하며 등장했다. 극우 정당 복스^{Vox}는 최근 유럽 전역에서 극우파가 부상한 상황이 반영된 결과다. 이 같은 새로운 정치 현실은 금세 권력의 분할로 이어져, 양당체제였던 스페인은 다당제로 변화되었다. 그리하여 스페인 현대사 최초로 정당들은 서로의 차이를 넘어 함께 통치할 방안을 찾아야만 하는 상황이 되었다.

지방

"이베리아반도에 사는 주민들은 결단코 하나가 될 수 없다. 결코 한 편이 될 수 없다. 전체의 이익을 위해 자기 지역의 개인적인 이익을 희생하는 일은 절대로 없으리라." 19세기 영국의 여행가이자 작가 리처드 포드가 남긴 말이다. 스페인 사람들은 일반적으로 출신 지역에 대한 자부심이 매우 강하다. 이런 이유로 스페인 사람들은 종종 개인주의자로 비춰지기도 한다. 이처럼 전통, 관습, 언어에 대한 강한 자부심 때문에 스페인에는 자치가 필요하게 되었고 광역자치지역이 탄생했다. 오늘날 스페인은 19개 지방자치단체로 구분된다. 이 중 북아프리카에 위치한 세우타와 멜리야는 '자치시'이며, 나머지 17개 지방은 '광역자치지역'이다. 즉 바스크 지방, 카탈루냐, 갈리시아, 안달루시아, 아스투리아스, 아라곤, 발레아레스 제도, 카나리아 제도, 칸타브리아, 카스티야-레온, 카스티야-라만차, 에스트레마두라, 마드리드, 무르시아, 나바라, 라 리오하, 발렌시아가 광역자치지역에 해당한다.

처음 5년간 중앙정부는 모든 지방에 정부기관 조직, 도시계획, 공공사업, 주거, 환경보호, 문화정책, 스포츠와 레저, 관광,

보건 및 사회복지, 그리고 지역 고유어가 있을 경우 고유어 양성 관할권을 부여했다. 이렇게 5년이 지나면 '완전한 자치'를 획득할 수 있는데, 이 단계의 의미가 무엇인지 명확하게 규정되어 있지는 않다.

자치정부로의 권력이양은 개별 자치지역과 중앙정부 사이의 지속적인 협상과정에서 정해졌다. 이에 따라 이런 과정을 둘러싸고 논란이 끊임없이 발생했다. 자치지역, 특히 카탈루냐는 중앙정부가 권한을 양도하고 재무 관련 합의를 도출하는 데 일부러 시간을 끌고 있다고 비난했다. 자치지역이라고 모두 같은 권한을 지니고 있는 것은 아니다. 가령 바스크 지방과 카탈루냐는 자치경찰력을 보유하고 있으며, 나바라는 나머지 지역과는 다른 재정 협정을 맺었다. 특히 일부 지방은 특별히 언급해야 할 정도로 지방마다 사정이 다르다.

카탈루냐와 갈리시아, 바스크 지방의 경우에는 워낙 독특한 문화와 역사를 지니고 있기에, 1978년부터 스페인 헌법에서는 이들 지방에 최고 수준의 자치권을 부여했다. 이 세 지방이 '역사적 국가'로 알려져 있는 이유이기도 하다. 프랑스와 가까운 스페인 북부에 위치한 이들은 무어족의 지배는 아주 단기간만 받거나 혹은 전혀 받지 않았다. 나머지 16개 지방과 마찬가지로 이들도 각 지방 고유의 전통과 관습을 가지고 있다. 하지만 이외에도 그들 고유의 언어(방언이 아니다), 즉 카탈루냐어, 바스크어인 에우스케라와 갈리시아어를 가지고 있는 것이 특징이다. 이 세 지방에서는 스페인어와 함께 각기 지방 고유어가 공용어로 간주된다. 스페인에서 갈리시아는 가장 빈곤한 지방이기 때문에 이곳에서는 다른 두 지방만큼 자치를 요구하는 목소리가 높지 않다. 반면 바스크 지방과 카탈루냐는 스페인에서 가장 산업화된 지방이자, 나머지 지역과는 노동관이 다르다. 따라서 상당히 많은 이곳 주민들은 스페인 사람으로 취급받는 것을 좋아하지 않으며, 스페인 국기가 아닌 각 지방의 자치 깃발에 열렬한 충성을 보인다. 바스크 지방 자치 깃발은 이쿠리냐, 카탈루냐 자치 깃발은 세네라인데, 오늘날 이 두 지방의 독립을 지지하는 의미로 발코니와 창가에 깃발을 걸어 두는 모습을 자주 볼 수 있다. 또한 이런 행동은 정치논쟁의 대상이 되기도 했다. 한편, 안달루시아는 스페인에서 가장 넓은 지방으로, 매년 수천 명의 관광객이 찾는 곳이다. 다른 지역과 달리 매우 독특한 모습을 간직하고 있는 지방이지만, 많은 사람들은 이곳을 전통적인 스페인 시골의 전형이라고 여기고 있다.

[바스크 지방]

바스크 민족은 로마제국이 부상하기 수천 년 전부터 스페인 북부(와 프랑스 일부)에 터를 잡았다. 바스크 지방은 바스크어 에우스케라로 말하면 에우스칼 에리아^{Euskal Herria} 또는 에우스카디^{Euskadi}로 알려져 있다. 그런데 바스크어는 라틴어에 뿌리를 두지 않았을 뿐만 아니라, 어떤 인도-유럽어족과도 무관한 언어다. 따라서 바스크어의 어원을 둘러싸고 많은 추측이 있다. 학자들이 바스크어를 세계 여러 곳의 언어와 관련지어 보았지만, 그 연관성이 규명된 경우는 하나도 없었다.

어떻게 보면 바스크 민족은 이웃한 다른 지방 주민들과 무척 다른 것처럼 보일 수 있다. 신체적으로 봤을 때 이들은 비교적 키가 크고 건장한 편이다. 혈액형을 보면 이들은 유럽에서 RH- 비중이 가장 높으며(25%), O형 비율도 가장 높은 편이다(55%). 이들은 독립성이 매우 강하여 거의 14세기가 될 때까지 자주독립을 유지했다. 그 이후에도 이들은 명목상으로만 스페인에 통합되어 있었고, "복종은 하되 따르지는 않는다"는 말로 법에 대한 거부권을 행사할 수 있었다. 19세기가 되어서야 마드리드의 중앙정부가 이러한 권리를 박탈했다. 그러자 언어와 문화를 잃을 수 있다는 우려 때문에 이들은 개혁과 더 많은 자치를 이루기 위해 압력을 가하기 시작했다. 하지만 그 후 발생한 스페인 내전과 프랑코의 독재로 말미암아 바스크를 드러내는 표식 일체가 금지되었으며, 에우스케라를 사용하는 것도 불법이라고 선포되었다.

스페인 내전과 그 후의 탄압 기간 동안 바스크 민족은 끔찍한 고통을 겪었다. 이런 이유 때문에 일부 분리주의자들은 점차 불법조직을 결성하기 시작했다. 1959년, 바스크 독립 투쟁을 목표로 ETA라고 하는 테러 단체가 조직되었다. 이후 이 단체는 700건이 넘는 테러 공격을 자행하고 약 900명을 살해했으며 90여 명을 납치했다. 이후 바스크 지방이 자치권을 획득하자 많은 조직원이 ETA를 떠났지만, 이들은 바스크 지방의 완전한 독립을 희망하면서 스페인 전역에서 테러를 계속했다. 하지만 더 이상은 다수 주민의 지지를 얻지 못하고 있는 실정이다.

바스크 지방은 광산업이 발달하여 공업지역 이미지가 강한 것이 사실이지만, 울퉁불퉁한 바위와 녹지가 어우러진 풍광, 자연 그대로의 해안, 미슐랭 가이드로부터 인정받은 미식으로도 유명하다. 가장 유명한 음식은 핀초^{pintxo}로, 작은 빵 조각 위에 토핑을 얹고 이쑤시개로 고정시킨 스낵이다. 사실 유명한 스페인 셰프 중 많은 이들이 바스크 출신이다. 한편 바스크 사람들은 비교적 음주를 많이 하는 편이어서, 다른 지역보다는 음주문화에 관대하다. 이 지역에서는 스페인어가 주로 사용된다. 여러분의 경우 에우스케라는 한 마디도 할 수 없을 테니 퍽 다행스러운 일이 아닐 수 없다. 바스크 사람들은 자부심이 강한 민족이며, 존경받아 마땅한 풍요로운 유산을 간직하고 있다.

【카탈루냐】

카탈루냐는 지중해 북서쪽, 프랑스와 안도라와의 접경 지역에 위치해 있다. 이곳의 인구는 700만 명이 넘는데, 이 중 75%가 이 지방의 수도인 바르셀로나와 그 주변에 거주한다. 상업적으로 성공을 거두고 있는 카탈루냐는 스페인에서 가장 부유한 지방이며, 다른 지역보다 '유럽적'이라고 자평하고 있다. 이곳의 고유어인 카탈루냐어는 라틴어에 뿌리를 두고 있기는 하지만, 무엇보다도 특유의 악센트와 리듬 때문에 스페인어와는 다르게 들린다. 카탈루냐어는 2음절로 이루어진 라틴어 단어가 1음절 단어로 줄어든 경우가 많다. 가령, 라틴어 녹템(밤)은 스페인어로는 노체, 카탈루냐어로는 닛으로 되고, 토투스(모두)는 스페인어로는 토도, 카탈루냐어로는 톳으로 바뀌는 식이다.

바스크 지방과 마찬가지로, 카탈루냐 주민 중에는 스스로를 스페인의 일부라고 여긴 적이 없는 사람들이 많다. 카탈루냐는 비록 1479년부터 카스티야와 아라곤 왕국의 지배를 받았지만 18세기가 되어 스페인 왕위계승전쟁이 발발하기 전까지는 고유의 지방정부를 유지해왔다. 한때 카탈루냐는 자체적으로 지중해 제국을 건설한 적이 있어서, 오늘날에도 이탈리아 서부에 위치한 사르데냐섬 알게로에서는 여전히 카탈루냐어가 쓰이고 있다.

1714년 9월 11일, 부르봉 왕조의 군대가 바르셀로나에 침입했다. 이것은 영국으로 치면 1066년 노르망디 공작 윌리엄이 잉글랜드를 정복하고 노르만 왕조를 세운 사건에 해당한다. 부르봉 군에 의해 카탈루냐 정부는 탄압을 받았고, 스페인어가 행정 언어가 되었으며, 대학교는 폐쇄되는 등 카탈루냐는 완전히 마드리드의 통제 아래에 들어갔다. 카탈루냐어는 프랑코의 독재 기간 동안 학교에서 사용이 금지되었지만, 그 이후 공공장소에서 사용하는 것은 서서히 허가되었다. 하지만 카탈루냐에 자치권이 부여되면서 일대 개혁이 일었다. 현재 카탈루냐 지방 대부분은 2개 언어 병용 지역이며 일상적으로도 스페인어와 카탈루냐어가 모두 사용된다. 또한 예전에 폐지되었던 기관들도 자치권 획득과 함께 다시 설립되었다.

자치권이 부여되자 개혁이 시작되었다. 카탈루냐는 유럽에서 가장 높은 수준의 자치권을 지닌 지방 가운데 하나가 되었다. 카탈루냐 정부는 해외에 카탈루냐 대표부도 두고 있다. 하지만 독립주의의 암류는 여전히 수면 아래로 흐르면서 지난 수십 년간 분출되어 왔다. 카탈루냐 지방은 지난 40년간 우익 민족주의 정당이 집권했다. 그러다가 2017년, 카탈루냐 분리독립운동이 더욱 격렬해졌다. 카탈루냐 정부의 불법적인 국민투표 강행, 일방적인 독립선언, 카탈루냐 대통령의 벨기에 망명, 스페인 중앙정부의 헌법 155조 발동 등 일련의 주요 사건들을 보면 당시 상황이 격변기였음을 잘 알 수 있다. 헌법 155조의 발동으로 카탈루냐는 4개월간 긴장 상태에서 중앙정부의 직접 통치를 받았다. 이 사태는 "카탈루냐 분쟁" 또는 "카탈루냐 사태"로 불리며 모든 스페인 매체뿐만 아니라 많은 국제 미디어에 연일 주요 뉴스로 보도되었다. 현재까지도 이 사안은 해결되지 않은 상태로 남아 있을 뿐만 아니라, 안타깝게도 카탈루냐 사회의 분열을 초래했다. 오늘날 카탈루냐 인구는 분리독립 지지파와 반대파로 거의 50대 50으로 나뉘어 있다. 심지어

가족과 친구 사이에서도 이 문제는 언급을 기피하거나 불화의 원인이 된다.

스페인 일부 지역에서는 일자리 부족으로 인해, 프랑코 집권기에 그 당시 산업 활동이 활발했던 카탈루냐로 많은 이민자가 이주했다. 이들의 수가 증가하면서(1960년대에도 100만 명에 달했다) 스페인어와 관습이 이 지방을 장악하기 시작했다. 이런 현상은 양측 모두에게 문화 충격이었다. 카탈루냐 사람들은 이주민들이 지역의 전통을 받아들이고 따르기를 기대했던 반면, 새 이주민들은 그들이 왜 달라져야 하는지 납득하지 못했다. 결국 이들은 계속 고향에서 사는 것처럼 살았다.

카탈루냐 주민들은 스페인 사람 특유의 특징은 거의 없다. 이들은 근면하며, 기업가 정신도 있고, 신뢰할 수 있으며, 진지하다(다른 지방의 스페인 사람들은 이들을 횡포가 심하고 탐욕스러우며 물질주의자라고 생각한다). 물론 이들이 다른 스페인 사람들만큼 씀씀이가 헤프거나 관대하지 않을 수도 있다(이것은 전적으로 각자의 관점에 따라 판단할 문제다). 카탈루냐 사람들이 한턱내면서 술을 사는 모습은 좀처럼 보기 힘들겠지만, 이들은 자기 술값은 자기가 낸다. 카탈루냐 사람들이 다른 스페인 사람들만큼 친화력이 있어 보이지는 않을 수 있지만, 이는 어디까지나 그들의 천성이 그렇기 때문이다. 카탈루냐 사람들은 예의가 바르다. 만약 여러분이 부탁을 한다면 대개는 도움을 주겠지만, 요청이 없는데도 함부로 나서는 일은 없다. 아마 카탈루냐는 스페인에서 가장 국제적인 지방일 것이다. 그래서 거리 곳곳에서 다양한 언어로 말하는 소리를 쉽게 들을 수 있다. 이곳의 일상생활은 북유럽과 좀 더 가깝다. 다른 스페인 지역의 따뜻한 환대를 그리워할 수도 있다.

【갈리시아】

갈리시아는 고유의 언어와 민족 감정을 지니고 있는 또 다른 지방이다. 갈리시아는 이베리아반도 북서쪽 모퉁이에 위치한 춥고 다습한 지방이다. 이곳은 켈트족 국가(아일랜드, 웨일스, 스코틀랜드)와 기후가 같을 뿐만 아니라, 훌륭한 시와 노래, 음악 작품도 공유하고 있다. 이 지방과 켈트족의 연관성이 강조되기는 하지만, 다른 민족에 비해 켈트족과 더 많은 접촉이 이루어졌다는 명확한 증거는 없다.

바스크와 카탈루냐 지방과는 달리, 갈리시아는 여전히 비교적 가난한 편이며 농업 중심적이고 농촌사회의 지배를 받고 있다. 지난 5세기 동안 갈리시아 남성 3명 중 1명은 고향을 떠나 스페인 내 다른 지방이나 유럽, 남아메리카에 가서 일한 것으로 집계된다. 남아메리카 일부 지역에서는 가예고('갈리시아 사람'이라는 의미)라는 단어가 '스페인 사람'의 동의어로 쓰일 정도다(갈리시아 이민자의 후손 중 가장 유명한 사람 중 하나가 피델 카스트로다).

갈리시아의 민족주의는 일찍이 1840년대에 등장했다. 이 모습은 중세 갈리시아 왕국이 존재했던 황금기를 떠올리게 한다. 실제로 갈리시아 왕은 1111년에 즉위했지만 몇 년 후 왕국은 삼분오열되었다. 남부는 포르투갈이 되었고 북부는 혼란에 빠졌다가 1483년에 카스티야 왕국의 일부가 되었다.

1990년에 발표된 연구에 따르면 갈리시아 인구의 63%가 가예고(갈리시아에서 그 지방 고유어를 부르는 이름)로 말하고 이해한다고 한다. 하지만 중산층과 상류층에서는 갈리시아어를 사용하지 않는다. 따라서 갈리시아어를 구사하는 것과 사회적으로 출세하는 것은 아무런 관련도 없다. 그래서 요즘 많은 가정에서는 자녀가 스페인어를 하도록 키운다.

프랑코는 원래 갈리시아 출신이었지만, 갈리시아는 프랑코의 독재로 이득을 본 것이 없다. 갈리시아 주민들은 권력을 휘두르지 않기 때문에 대부분의 정부로부터 잊히거나 무시당하기 일쑤였다. 그래서 이들은 일반적으로 의심이 많고, 열심히 일하며, 친절하다. 다른 지방에 사는 스페인 사람들 사이에서 갈리시아 사람이라고 하면 교활하기 때문에 조심해야 하는 것으로 명성이 자자하다. 하지만 마을마다 풍성한 축제가 열리는 여름에 갈리시아 지방을 방문하는 것은 큰 즐거움이다. 이곳에는 선선한 기후와 아름다운 경관에 더해 신선한 해산물과 매우 다양한 지역 특산 백포도주가 있다. 뿐만 아니라 여름은 산티아고 순례길(엘 카미노 데 산티아고)을 떠나기에 안성맞춤인 계절이다. 이 순례길은 스페인 여러 지점에서 출발하여 갈리시아 지방의 수도인 산티아고 데 콤포스텔라에서 만난다. 갈리시아 지방의 현대화가 부진해도 이 점은 대체로 관광객들에게 방해가 되지 않는다. 오히려 관광객들에게는 또 하나의 매력요소로 느껴져서, 노스탤지어나 열망을 뜻하는 갈리시아 표현인 모리냐를 느낄 정도다.

【 안달루시아 】

안달루시아는 면적이 8만 7,268km^{2}로, 스페인 국토의 17.3%를 차지한다. 단일 지방으로는 가장 큰 지방인 안달루시아의 면적은 벨기에나 네덜란드 같은 나라의 전체 국토보다 더 넓다. 이곳은 그 유명한 코스타 델 솔 해변과 누구나 부러워하는 기후 때문에 아마도 스페인에서 가장 유명한 지방 중 하나일 것이다. 하지만 내륙으로 들어가면 겨울 날씨는 혹독하고, 기온이 45℃까지 치솟는 여름 날씨는 사람을 지치게 만든다. 세비야 근처에 있는 에스테파는 그 열기 때문에 프라이팬이라는 별칭까지 붙여졌다.

전통적으로 안달루시아에는 땅 주인이 직접 거주하지 않고 임시 노동자가 관리하는 넓은 사유지가 많았다. 특히 1950년대부터 1970년대까지 사람들은 가난 때문에 이주하게 되었고, 독재가 종식된 후에는 중앙정부의 보조금을 받았다. 일부 독설에 따르면 1982년부터 10년이 넘도록 세비야 출신의 펠리페 곤잘레스 스페인 대통령은 자신의 고향을 편애했다고 한다. 예를 들면, 바스크 지방과 카탈루냐에 있는 고속도로는 모두 사용료를 징수하는 반면, 안달루시아에 있는 고속도로는 대부분 무료다.

1992년 세비야에서 개최되었던 세계 엑스포는 아메리카 대륙의 발견 과정에서 스페인의 역할이 얼마나 중요했는지를 기념하는 자리였다. 또한 같은 해 개최된 올림픽이 카탈루냐 주민들에게 중요하듯, 엑스포는 안달루시아 주민들에게 중요한 의미를 지닌다. 이를 계기로 인프라가 개선되었으며, 세비야 곳곳이 현대화되었기 때문이다. 오늘날 안달루시아 지방에는 2만 4,000km 이상의 고속도로와 고속화도로가 있으며, 세계 최고의 국제공항도 있다. 철도망 역시 기대 이상으로 개선되어 이제는 고속열차 AVE로 세비야에서 마드리드까지 겨우 2시간 30분밖에 걸리지 않는다.

이렇듯 현대화되었지만, 여전히 안달루시아 어느 마을이나 찾아가도 '진짜' 스페인의 모습을 볼 수 있다. 맑고 파란 하늘 아래 눈부시게 빛나는 안달루시아의 새하얀 마을과 가히 견줄 만한 것은 없다. 코스타 델 솔 해변에 있는 카사레스, 마닐바, 미하스 같은 마을은 찾아가기도 쉽다.

안달루시아는 스페인에서 가장 유명한(그렇다고 유일한 것은 아니다) 민속의 본고장으로 알려져 있다. 이곳에서는 진짜 마법같은 플라멩코를 만날 수 있고, 가장 본연의 모습을 갖고 있는 투우를 구경할 수 있다. 게다가 돈 후안과 카르멘 같은 신화의 바탕이 되는 곳도 바로 이곳이다. 안달루시아 지방의 축제는 무수히 많다. 또한 이곳 사람들의 개방적인 성향 덕분에 안달루시아는 관광하거나 이주해서 살고 싶은 매력적인 장소로 늘 꼽힌다.

앞에서 언급한 다른 지방들과는 달리, 안달루시아 민족은 일반적으로 전형적인 스페인 사람들의 특성이라고 거론되는 특징을 어느 정도 지니고 있다. 이들은 친화력 있고, 따뜻하며, 관대하고, 즉흥적이다. 대부분의 경우 이들의 행동을 가로막는 장애물은 거의 없을 정도로 저돌적이기도 하다. 만약 여러분이 스페인에서 아주 짧은 시간만 보낼 예정이라면, 안달루시아를 방문하는 것이 최고의 선택이 될 수 있다.

주요 도시

【 마드리드와 바르셀로나 】

인구 330만의 마드리드와 163만의 바르셀로나는 명실상부한 스페인의 2대 도시다. 마드리드는 16세기 중반 펠리페 2세 재임 때부터 스페인의 수도였다. 이 도시가 지리적으로 스페인의 중앙에 위치한다는 사실은 상징적인 의미가 있다. 마드리드 중심지에 있는 '라 푸에르타 델 솔(태양의 문)'은 스페인의 '킬로메트로 세로(방사형으로 뻗은 스페인 고속도로의 중심부에 해당하는 제로 킬로미터 지점)'로 유명하다. 스페인은 지방자치제도가 실시되고 있지만, 중앙집권화도 지속적으로 이루어지고 있다. 마드리드는

처음에는 부르주아 느낌이 나고 숨 막히는 대도시처럼 보일
수 있다. 하지만 마드리드는 누구에게나 개방적인 곳이다. 이
런 기질을 지니게 된 이유는 다양한 지방, 넓은 제국에서 시민
과 관료들이 유입되었기 때문이다.

바르셀로나는 지중해 연안에서 가장 큰 도시다. 이곳은
2000년 전부터 교역의 허브라는 명성을 지니고 있다. 마드리

드가 정부와 행정의 중심지였다고 한다면, 바르셀로나는 오래 전부터 스페인의 경제 중심지였다. 지금은 두 도시 모두 국제 시장에서 경쟁하는 입장이다.

1992년 올림픽은 바르셀로나에게는 지극히 중요한 사건이 었다. 이 덕분에 바르셀로나는 국제 무대에서 프로 정신을 입증해 보일 수 있었다. 뿐만 아니라 올림픽을 계기로 오래된 도

왕실의 공식 거주지인 마드리드 왕궁. 공식 행사에만 사용된다.

시를 재건하는 기회를 가질 수 있었다. 노후화한 공장 지대가 없어졌고, 해안은 확장되었다. 바르셀로나와 그 지방의 나머지 지역 사이의 소통을 원활하게 하기 위해 도로망도 개선되었다. 그 결과 올림픽은 큰 성공을 거두며 막을 내렸다.

스페인의 두 걸출한 도시 사이의 경쟁 관계는 악명이 높다. 그중에서도 축구만큼 양측의 날선 관계가 확연히 드러나는 분야도 없다. 레알 마드리드와 바르셀로나는 스페인뿐만 아니라 유럽 전역에 많은 팬을 거느리고 있다. 1940년대부터 두 클럽 간의 경기는 '엘 클라시코(고전)'라고 불리면서 스페인에서 벌어지는 어떤 경기보다도 큰 조명을 받고 있다. 프랑코 독재 기간에 카탈루냐 사람들은 바르셀로나의 승리를 독재자에 대한 승리로 인식하기도 했다. 오늘날 이 경기는 스페인 축구 최고 자리를 두고 벌어지는 한판 승부라는 의미가 있다.

스페인 정부 청사와 왕궁이 소재하고 있는 곳은 마드리드가 맞다. 하지만 스페인 현대사를 형성한 사상(공화주의, 연방주의, 무정부주의, 신디컬리즘, 공산주의)은 거의 대부분 카탈루냐를 통해서 스페인 땅에 전파되었다. 영국 출신의 남유럽 전문 저널리스트 존 후퍼는 그의 저서 『새로운 스페인 사람들The New Spaniards』에서 의복이건, 철학이건, 미술이건 모든 유행은 대개 마드리드보다 바르셀로나가 몇 해 먼저 받아들이는 것이 보통이라고 지적한다.

두 도시 모두 관광객이 찾아가야 할 곳이 풍부하다. 먼저, 마드리드를 방문하면 위대한 역사적·문화적 기념물을 빼놓으면 안 된다. 마드리드 왕궁, 고야와 벨라스케스, 엘 그레코의 방대한 작품을 소장하고 있는 프라도 미술관, 피카소의「게르니카」를 볼 수 있는 레이나 소피아 현대미술관, 13세기 이탈리아부터 모더니즘에 이르기까지 미술사의 자취를 밟아갈 수 있는 티센-보르네미서 미술관이 대표적이다. 밤이 되면 마드리드 도심은 북적이기 시작한다. 바에는 사람이 가득하고, 여름밤이면 바깥 인도에까지 인파가 몰린다. 휴가철이라면 시에스타 시간에 한숨 자두고 에너지를 재충전한 후 밤 문화를 즐겨보는 것도 좋다.

다음은 바르셀로나. 이 도시에 가면 시간 여유를 두고 고딕지구에 있는 좁은 골목길을 느긋하게 거닐어보기 바란다. 그곳에서 여러분은 13세기에 시작해서 600년 동안 공사한 끝에 완공된 바르셀로나 대성당에 시선을 빼앗길 것이다. 람블라 거리를 따라 내려가면 1994년에 화재로 소실된 후 최근에 복원된 리세우 오페라하우스에 이른다. 이 산책 코스는 늘 쇼핑객으로 북적이며, 길을 따라 거리 예술가들의 공연도 펼쳐진다. 람블라 거리의 끝에 도달하면 바다를 바라보고 서 있는 거대한 콜럼버스 동상을 만나게 된다. 그리고 여러분의 눈앞에는 신설된 선착장이 펼쳐진다.

이밖에도 피카소미술관과 호안미로미술관을 관람하고, 하늘 높이 솟아오르고 있는 가우디의 미완성 대성당 사그라다 파밀리아를 구경해야 한다. 그런 다음 이렇듯 놀라운 건축물들 사이에 있는 카페에서 휴식을 취하면서 잠시 지나는 사람을 관찰하기 바란다. 고대와 현대가 공존하고 있는 분주한 국제 도시 바르셀로나는 결코 여러분을 실망시키지 않을 것이다.

02

가치관과
사고방식

스페인에서 가족 구성원은 지금도 서로 가까이 살면서 자주 만나고 연락하며 지낸다. 그리고 다른 특별한 날을 축하하기 위해 20~30명에 달하는 가족이 한 자리에 모이는 경우는 많다. 스페인 사람들에게 결혼식은 가장 성대하고 중요한 가족행사이며, 이 자리에는 300명 이상의 하객이 쉽게 모인다.

과거 수년간 스페인은 세계 주요 관광지 중 하나였다. 2014년, 스페인은 미국과 프랑스의 뒤를 이어 세계에서 가장 방문하고 싶은 나라로 꼽혔다. 여기에는 스페인의 지중해 기후, 유명한 문화, 민속, 풍부한 미식의 세계가 큰 역할을 한다. 또한 이곳을 방문한 관광객들은 편안한 축제 분위기를 마음껏 즐긴다. 스페인에서는 여름 더위 때문에 일하기가 힘들고, 밤에도 훈훈하기 때문에 집안에 있는 것보다 밖으로 나가 사교생활을 하기에 더없이 좋다. 대부분의 나라가 그렇듯, 남부로 내려갈수록 사람들 성향은 느긋해지기 마련이다. 일반적으로 스페인 사람들은 활기차고 싹싹하며 따뜻한 성격을 지니고 있다. 덕분에 이들은 아주 쾌락적인 이미지로 각인되어 있다.

아마 이러한 특성은 스페인 사람들의 운명론에 뿌리를 두고 있는 듯하다. 이들은 제도나 권위에 대한 믿음이 거의 또는 전혀 없으며, 세상을 바꿀 수 있다고 믿지도 않는다. 수 세기 동안 스페인은 가톨릭 투사였으며, 이번 생에서 고통을 겪으면 다음 생에서 보상을 받는다는 신앙의 옹호자였다. 따라서 고통은 삶의 일부로 받아들여지고, 그래서 이들은 기회가 닿기만 하면 쾌락에 빠져든다.

스페인 사람들은 위험 요소에 매력을 느낀다. 그래서 이들은 투우장에서 죽음과 직면하는 남자를 동경한다. 교육에 특화된 스페인의 위대한 수도회 에수회 역시 가장 위험한 곳을 찾아갔다. 그들은 이교도를 화형에 처하는 곳으로 가서 사생결단으로 헌신했다.

스페인은 유럽의 끝자락에 위치한 탓에 여러 시기 동안 유럽과 단절되기도 했다. 전국에는 무어족 이슬람 문화의 흔적이 남아 있다(특히 무어족이 700년 이상 정복되지 않은 채 살았던 남부 지방이 그렇다). 피레네산맥 아래부터 아프리카가 시작된다는 말이 있을 정도였다. 마치스모machismo(스페인의 자부심, 유머감각, 남자다움을 뜻하는 단어-옮긴이)가 생겨난 것이 바로 이 시기다. 오랜 세월 동안 스페인은 왕권을 열망하는 자들 사이의 싸움에만 몰두했고, 교회는 이교도에 대한 두려움 때문에 새로운 사상을 받아들이지 않고 문을 굳게 닫아걸었다. 심지어 20세기에도 프랑코는 독재를 유지하기 위해 외부세계와의 단절을 택했다. 하지만 훗날 이 때문에 스페인은 제2차 세계대전에 참전하지 않고 거리를 둘 수 있었다. 스페인 사회는 보수적인 가치관을 지녀서 사회질서와 전통적인 가톨릭의 가치(다음 생에 보상받는다는 기대를 품고 이번 생의 고난을 감내하는 것, 권위 존중, 도덕 문제에 관한 교회의 가르침을 수용하는 것)를 중시했다. 하지만 가톨릭적 가치는 이제

퇴색되었다. 특히 젊은 층은 종교와 가톨릭 교회에 더욱 회의적이다.

1960년대에는 수십만 명이 일자리를 찾아 농촌을 떠나 도시로 갔고, 그렇지 않은 다른 사람들은 더 나은 기회를 찾아 프랑스와 독일, 스위스로 갔다. 이렇게 자신의 뿌리를 떠나 있으면서 사람들의 생각도 변하기 시작했다. 그러다가 스페인을 찾는 관광객들이 부쩍 늘어나면서 돈과 함께 북유럽의 물질주의와 민주적 가치도 도입되었다. 그런데 오늘날에도 이와 유사한 일들이 벌어지고 있다. 2014년에 100만 명 이상의 젊은 학생들이 경제위기를 피하기 위해 이민을 떠난 것이다. 하지만 스페인은 여전히 세계 주요 강대국 반열에 올라 있으며, 현재 스페인의 변화와 발전은 진행 과정에 있다.

가족

스페인에서는 가족이 무엇보다도 중요하며, 가족 간 유대도 매우 강하다. 어른을 공경하며, 간혹 3대가 함께 사는 경우도 있다. 하지만 핵가족화하거나 고향을 떠나는 가족이 생기면서

이런 대가족제도는 점차 달라지고 있다. 그래도 일반적으로 가족 구성원은 지금도 서로 가까이 살면서 자주 만나고 연락하며 지낸다. 기념일이나 영명축일인 산토스(119페이지 참조)를 비롯한 기타 특별한 행사에 참석한다. 보통 결혼식은 스페인 사람들에게 가장 성대하고도 중요한 가족 행사다.

스페인 사람들이 그들의 문화에 대한 자부심만 가지고 있는 것이 아니다. 이들은 개인적인 성공을 이루었을 때도 자부심이 대단하다. 이들은 타당한 이유가 있다고 생각하면 자신에 대한 자랑을 신나게 늘어놓는다. 보통 스페인 사람들은 사생활을 오픈하지 않고 문제가 생기면 가족 안에서 해결한다.

하지만 금융위기를 겪고 지원이 필요하게 되면서 사람들은 서로 더 가까워졌다.

프랑코 정권이 집권하는 동안, 스페인 법은 기혼 여성을 심하게 차별했다. 결혼한 여성은 취직, 재산 소유, 심지어 여행할 때 등 거의 모든 경제활동을 할 때 페르미소 마리탈permiso marital이라고 하는 남편의 허락을 받아야 했다. 그러나 프랑코가 사망하기 직전부터 이러한 제도에 대한 개혁이 상당히 이루어지기 시작해서 그 이후로 계속되었다. 수 세기 동안 가톨릭 도덕 강령은 여성의 성행위에 대해 엄중한 기준을 설정했으며(남성에 대해서는 아무 언급도 없었다), 여성이 커리어를 쌓을 기회를 제한했다. 반면 아내로서 그리고 더욱 중요하게도 어머니로서 여성의 역할에 대해서는 높이 평가했으며, 이혼과 피임, 낙태는 금지했으나 매춘은 허용했다.

1975년 민주주의가 회복된 이후 여성의 지위는 극적으로 달라졌다. 페르미소 마리탈은 폐지되었고, 피임약 판매는 1978년에, 이혼은 1981년에 각각 합법화되었다. 1981년에는 가족 재정에 관한 민법 조항 역시 개정되었다. 낙태는 2010년 이전에는 강간, 태아의 기형, 산모의 생명을 위협하는 등 특수한 경우에만 허용되었다. 그러다가 2010년 7월에 '레이 오르가니카 2010년 2월' 법이 발효되면서 낙태가 합법화되었다. 2014년, 정부는 낙태법 폐지를 시도했으나 이것이 실패로 돌아가자 부분적으로 개정했다.

1984년에는 성인 여성의 33%가 직업전선에 뛰어들었고, 스페인 대학 등록생의 약 46%를 여성이 차지했다. 이처럼 아무런 고통도 따르지 않는 것처럼 보이는 여성 해방이 이루어졌음에도, 직장 여성들은 여전히 살림과 육아도 도맡아야 한다는 인식이 많다. 1970년 이래로 스페인의 평균 가족 규모는 가구당 3.8명에서 1.36명으로 크게 줄었다. 이는 이탈리아의 뒤를 이어 세계에서 가장 낮은 수치다(인구 재생산에 필요한 가족 수는 2.1명으로 간주된다). 또한 혼외 자녀는 거의 없다. 현재 스페인은 EU에서 결혼율이 가장 낮다. 많은 이들이 그 이유로 예전보다 사회가 물질주의적이 되었기 때문이라고 한다. 하지만 여성들이 직장과 집안일을 균형 있게 꾸려야 하는 시대가 된 것도 한 이유다. 대체로 젊은 세대에게는 가정 경제에 재정적으로 기여하는 것보다는 자신의 미래를 위해 저축하기를 기대한다. 하지만 2008년 경제위기가 시작된 이래로 이러한 인식도 크게 달라졌다.

그런데 스페인에서는 원래부터 여성해방이 실현되었던 분

야가 하나 있다. 바로 이름이다. 모든 스페인 이름에는 (부모 양쪽에서 물려받은) 성이 2개 있다. 가령, 필라 푸홀 페르난데스와 하이메 이글레시아스 곤살레스가 결혼할 경우, 여성은 공식적으로는 이름을 바꾸지 않는다. 다만 곤살레스 부인이라고 부를 수는 있다. 기혼 여성은 법률문서에 서명할 때 자신의 결혼 전 이름을 쓴다. 위의 두 사람 사이에 태어난 아들 페페는 부모 양측의 첫 번째 성을 따라서 페페 이글레시아스 푸홀이라는 이름으로 불린다.

아이들은 사회에 반드시 필요한 존재이며 기쁨의 원천이기도 하다. 규율이 중요하긴 하지만, 최근 몇 년 동안에는 소위 '노력 문화'와 관련된 이슈들이 부모와 교육자들 사이에 뜨거운 논쟁을 불러일으켰다. 유럽 전체에서 보면, 스페인 학생들은 숙제하는 데 가장 많은 시간을 할애한다. 하지만 이 같은 스페인 학생들의 노력이 다른 유럽 국가와 비교했을 때 반드시 높은 학습 성취로 이어지는 것은 아니다.

과거에는 대학에 진학하는 학생들은 국내 대학에서 공부해야 하는 경우가 보통이었다. 하지만 오늘날에는 해외로 나가서 외국 학교에 진학하는 문호가 많이 열려 있다. 스페인은 EU 대학 간 교류 프로그램인 에라스무스 학생을 가장 많이 배출하고 받아들이는 국가다.

오늘날 스페인에서는 낡은 가치관에 대한 의문이 제기되는 중이다. 이제 학교를 졸업하는 여학생들에게는 더 많은 진로 선택권이 주어진다. 결혼하는 사람이 줄어들고 있으며, 이혼도 가능하게 되었다. 이제 스페인 사람들은 환자와 노인을 돌보는 요양원의 필요성을 인정하기 시작했지만, 그래도 가정이라는 울타리 밖에서 도움을 받는 것을 여전히 어려워한다. 앞으로도 스페인 가정의 역할은 계속해서 환경 변화에 적응해갈 것이다.

친구와 지인

스페인은 유럽에서 가장 친근한 나라 중 하나로 유명하다. 어디를 가든 여러분은 환영을 받고 함께 하자는 초대를 받을 것이다. 아마도 여러분이 새로 사귄 스페인 친구는 스페인을 처음 찾은 모든 이들을 이런 식으로 환대할 것이다. 그렇다고 모든 경우에 절친한 친구 사이로 발전하는 것은 아니다. 스페인 사람들은 지인, 또는 그들의 표현대로 '같이 놀러 나갈 친구'

가 많기는 하지만, 친한 친구가 항상 그렇게 많은 것은 아니다. 여러분은 이런 사실을 그대로 받아들이고 즐기기 바란다.

스페인 사람들은 말하는 것을 좋아하기 때문에 사람들과 대화할 기회가 생기면 절대 놓치지 않는다. 이들은 열정이 넘쳐서 떠들썩하고 감정적으로 보일 수 있고, 대개의 경우 자기표현이 강한 편이며 스킨십도 마찬가지로 적극적이다. 스페인 사람들에게 친한 친구는 가족 다음으로 의미가 크다. 만약 여러분이 스페인 친구와 정말로 가까운 사이가 된다면 여러분은

• 혼자 보내는 건 말도 안돼요! •

사라는 세비야 근처 작은 도시에서 거행된 친구의 결혼식에 참석했다. 마침 결혼식 날이 그 지방에서 성대하게 기념하는 세마나 산타(성주간)가 시작되는 날이었다. 결혼 피로연 중에 사람들이 사라에게 이 기간 동안 어디에 있을 것이냐고 물었다. 그녀가 자기가 사는 아파트로 돌아갈 것이라고 하자 사람들은 모두 경악하고 말았다. 결국 그녀는 결혼식 날 처음 만난 하객 중 한 명의 집에서 주말을 보냈다. 그들은 그 지방에서 치르는 모든 행사에 사라를 데려 갔고, 그녀는 그 지역의 한 '종교단체'에서 명예회원으로 위촉되기까지 했다.

가족처럼 대우 받을 것이다. '미 카사 에스 투 카사("당신 집처럼 편하게 우리 집에서 지내세요.")'라는 말이 바로 그런 뜻이다.

자부심, 명예, 마치스모

스페인 사람들은 자기 고장과 그들의 라이프스타일 전반에 대한 자부심이 강하다. 그러면서도 매우 비판적이어서 부정적인 면을 금세 지적해낸다. 그러나 여기에 동참해서는 안 된다. 스페인 국민을 자극할 수 있는 것을 꼽으라고 한다면, 바로 스페인 국내 문제에 대해 비판적인 태도를 취하는 것이기 때문이다. 특히 여러분이 충분한 정보를 갖고 있지 못하다고 생각하면 더욱 그렇다. 스페인 사람들은 여러분의 코멘트를 듣고 싶어 하지 않는다. 그래서 여러분이 부정적인 의견을 내면 기분 나쁘게 받아들일 수 있다. 아이러니하게도 스페인 사람들의 자부심과 자신감은 그들의 이미지와 잘 맞아떨어지지 않는 경우가 많다. 스페인 사람들은 라 로하(붉은색이라는 뜻의 스페인 국가대표 축구팀의 별명)가 경기에서 이기면, 자기회의를 가졌더라도 금세 잊어버린다.

스페인에서는 가족의 위신과 명예가 언제나 매우 중요시된다. 그래서 아내가 바람나거나 미혼인 딸이 임신을 하면 가문의 수치로 여긴다. 마초는 (종에 상관없이) 남성이라는 뜻을 지닌 단어이며, 마치스모는 주로 여성을 대하는 특정한 행동 유형을 묘사하는 말이다. 이전 체제 아래에서 남성은 일용할 양식을 구해오고 예바바 로스 판탈로네스(바지를 입는 사람)이었다. 하지만 시간이 흐르면서 여성의 사회적 역할이 달라지자 남성의 태도도 변했다. 이제 정치와 사회에서 여성의 견해도 남성과 동등하게 존중된다. 그럼에도 불구하고 여전히 많은 여성들이 직장에서 성차별로 고통 받고 있으며, 남성 동료에 비해 낮은 임금을 받는 실정이다.

체제를 파괴하다

17세기에 피카레스크 소설이 등장했다. 이런 종류의 소설에서는 반 영웅 혹은 악한(엘 피카로)이 험난한 세상에서 자신이 할 수 있는 방법으로 체제를 파괴하려고 애쓰는 모습을 보여준다. 스페인 사람들은 누구나 이 소설 속 주인공과 자신을 동일시할 수 있다. 빈부격차가 유지된 것은 통치자들 때문이었기에, 스페인 사람들은 정부와 공무원들을 적으로 본다. 40년 가까운 세월을 독재 치하에서 보낸 것도 도움이 되지 않았다. 세금은 국가의 이익이 아닌 정부의 이익을 위해 책정되었고, 누군가의 주머니를 채우는 데 이용될 뿐이라고 여겨진다. 부패 정치인이 자신의 공적 지위를 남용한 혐의로 기소된 사례는 셀 수 없이 많다. 그래서 거의 그러려니 하며 받아들이는 수준이다. 따라서 시민들은 법을 어긴 뒤에 그저 운 좋게 걸리지 않을 생각을 한다. 그러다 보니 스페인에서는 발각되지만 않으면 죄가 아닌 셈이 되었다.

스페인의 공공서비스 시스템은 구식인 데다 느리다. 관공서는 대체로 오전에만 대민 업무를 보는데(대부분의 은행도 마찬가지지만, 얼마 전부터 이런 관례가 바뀌기 시작했다), 그나마 매일 서비스를 하는 것도 아니다. 민원인이 많아서 줄을 길게 늘어섰는데도 공무원들은 좀처럼 아침식사나 알무에르소(오전 10시에서 정오 사이에 먹는 간식)를 거르지 않는다. 한 사무실에 갔더니 다른 사무실로 가라고 하거나, 오늘은 사본 네 부를 가져오라더니 내일이 되니까 다섯 부가 필요하다고 하는 경험을 하게 될 수도 있다. 그래도 스페인이 EC에 가입하면서 훨씬 더 효율적으로 변

> ### • 서류작업 •
>
> 어느 주말, 장학금을 받고 스페인에 유학 온 두 학생이 마드리드에 도착했다. 두 사람은 장학금 수령을 위해 어떤 사무실을 찾아가라는 안내를 받았다. 월요일 아침에 안내받은 곳으로 갔더니 한참을 기다린 후에 다른 사무실에 가서 여러 서류를 받아 와야 한다는 이야기를 들었다. 그런데 이 사무실은 월요일과 수요일 오전에만 근무를 했다. 그래서 그들이 이 사무실에 도착했을 때는 문이 닫혀 있었다. 결국 도장 찍힌 서류 몇 장을 얻으려고 두 사람은 마드리드에서 이틀을 더 묵어야만 했다.

화가 시작되었다.

【게스토르 아드미니스트라티보 】

혹시 스페인에서 관공서에 갈 일이 생긴다면 항상 서류 사본과 증명사진을 여유 있게 준비해가도록 한다. 그리고 끝없이 늘어선 줄에 합류해서 한참을 기다릴 것에 대비해 두꺼운 책도 한 권 가져가야 한다. 스페인어를 할 줄 알거나 통역사를 대동하면 대우가 좀 나을 것이다. 제일 좋은 방법은 게스토르

아드미니스트라티보(행정 매니저)에게 맡기는 것이다. 이들은 정부를 상대할 때 필요한 서류 작업을 할 때 조언을 줄 수 있도록 교육받은 사람을 말한다. 행정 매니저의 업무는 시간이 오래 걸리는 모든 서류 작업을 처리하는 것이다. 가령, 운전면허를 갱신하려면 여러 관공서를 전전해야 하고 갈 때마다 기다려야 해서 적어도 오전 반나절은 시간을 잡아먹기 마련이다. 따라서 사람들은 대부분 필요한 자료를 게스토르에게 맡겨서 대리로 업무를 처리하게 하고 비용을 지불한다.

자아중심주의

이곳저곳 버려져 있는 쓰레기를 보면 알 수 있듯, 스페인 사람들에게서는 시민정신이나 공공정신을 찾아보기 힘들다. 대개 스페인 사람들은 자신이나 가족, 가까운 사람들의 이익이 침해받는 것을 매우 싫어해서 지역 공동체의 이익이 우선시 되는 경우는 거의 없다.

많은 스페인 사람들은 상대방에게 사적인 이익을 추구하려는 숨은 의도가 있는 것은 아닌지 의심하는 경우가 많다.

1978년부터 스페인에서 살고 있는 아일랜드 출신 작가이자 히스패닉 전문가 이안 깁슨 역시 그의 저서 『핏속에서 타오르는 불길 Fire in the Blood』에서 이 같은 스페인 사람들의 성향을 설명한다. "프랑코가 지배하던 스페인에서는 어떤 종류의 저항이건 부질없고 위험했다. 그 결과 오늘날에도 스페인 사람들은 잘못된 공직사회에 맞서 들고 일어나야 할 때도 적극적이지 않다." 그들은 운명론자가 되었으며 일의 잘잘못을 따지지 않게 되었다. 대체로 스페인에서는 공공선을 위해 개인이 자신을 내던지는 일은 없다.

그런데 스페인 대중이 이제 각성하기 시작했다. 이 같은 변화를 보여주는 사례가 바로 금융위기 때문에 고통 받고 있는 사람들에 대한 스페인 시민들의 연대의식이다. 테러 희생자를 지원하는 대규모 걷기대회도 이제 스페인 곳곳에서 열린다. 또한 장기기증 비율이 높은 스페인은 이 분야의 세계 선도국가가 되었다.

관용과 편견

스페인 사람들은 스스로 관용이 많다고 생각한다. 친구들 사이에 정치적 의견이 완전히 다른 경우, 열기가 뜨거운 논쟁으로 이어지지만 그렇다고 우정에 금이 가는 일은 없다. 프랑코가 사망한 후, 일당 독재 체제에서 다당제로 전환하는 과정은 거의 폭력이나 보복 없이 이루어졌다. 이를 보면 스페인 사람들이 현재와 미래를 위해 과거의 일은 그냥 묻어버린 것처럼 보이지만, 아마도 이는 그들의 마음 속 상처가 아직 아물지 않았기 때문일 것이다(스페인 내전과 독재시대의 특정한 사안에 대한 조사 요구는 최근 들어 오히려 더 많아졌다).

1976년과 1978년, 잡지와 영화에 대한 국가 검열이 일단 약화되자, 포르노 시장이 번성했다. 1976년까지 〈플레이보이〉지가 판매금지되었던 이 나라에서, 〈플레이보이〉를 비롯한 외국 '성인' 잡지는 금세 시시해져버렸고, 스페인 잡지들이 이들을 추월했다. 스페인 대도시 어디든 검열을 거치지 않은 도색영화를 정부가 인증한 'X등급' 상영관에서 상시 관람할 수 있다. 또한 가장 진지한 언론조차 윤락여성과 윤락업소 광고를 버젓이 자유롭게 싣고 있다.

TV의 경우 노골적으로 선정적인 광고가 많으며, 낮 시간대에 방송되는 영화라도 편집되지 않고 그대로 방영된다. 높은 수위의 폭력성도 용인되는 분위기다. TV 뉴스에서는 방송 시간과 상관없이 사망과 부상 사고도 노골적으로 보도한다. 이렇듯 너무도 많은 것들이 금지당했던 나라에서 이제는 무엇이든 다 가능하게 된 것처럼 보인다.

스페인 사람들은 외국인을 만나면 보통 친절하고 예의 바르게 대한다. 하지만 이는 그들이 만나는 외국인이 대개 스페인에 와서 돈을 쓰고 가는 유럽 관광객이기 때문이다. 피부색이 다른 외국인은 그렇게 쉽게 환영받지 못한다. 또한 일반적으로 위법자로 간주되는 집시에 대해서는 부정적인 편견과 차별이 깊이 뿌리내려 있다. 집시 중 많은 이들이 스페인 사회의 일원이 되었지만, 나머지는 여전히 전통적인 유랑생활을 이어가고 있다. 한때 스페인 남부에서는 집시 인구가 가장 많았던 적도 있었다. 그래서 이 지역에서는 집시들이 전파한 플라멩코 음악과 춤이 뿌리를 내렸다. 현재 마드리드와 바르셀로나에도 규모가 큰 집시 공동체가 있다.

종교

바르셀로나 대성당(13~15세기)은 도시의 수호 성인인 성 에울랄리아에게 헌정되었다.

스페인 내전부터 1978년 헌법 이전까지 가톨릭은 스페인의 국교였다. 현재 스페인에는 국교가 없지만, 로마 가톨릭 교회는 여전히 국가로부터 재정지원을 받는다. 스페인 인구 절대 다수는 로마 가톨릭 교회 신자다. 하지만 1980년대까지는 불과 약 25%만이 주일미사를 빠지지 않고 참례했다. 나머지 신자의 경우, 인생에서 종교는 (종종 친척 어르신들을 기쁘게 해드리기 위해) 세례식, 결혼식, 장례식 때 공식적으로 교회에 가는 것 그 이상의 의미는 거의 없다. 하지만 스페인의 거의 모든 관습과 전통은 종교에 뿌리를 두고 있다.

가톨릭 이외에 스페인에 있는 다른 주요 종교는 비가톨릭 그리스도교와 이민 증가에 따라 신자 수가 급등한 이슬람교, 그리고 유태교다.

현재를 위해 살다

스페인 사람들은 자신감에 가득 차 있고 개방적이다. 또한 이들은 인생에 대한 열정, 그리고 매 순간을 사는 열정이 풍부하다. 이런 열정은 전파력도 강하다. 만약 스페인 사람들이 여러분을 초대한다면, 여러분이 정말로 참석했으면 하는 마음에서 초대한 것이다. 그들이 집에 가지 말라고 여러분을 붙잡는다면, 이는 여러분과 무척 즐거운 시간을 보내고 있기 때문이다. 내일이야 어찌 되건 무슨 상관이랴? 지금이 중요할 뿐이다. 즐거운 시간이 계속되고 있는 한, 누구도 빨리 자리를 뜨지 않을 것이다. 스페인에서는 밤 10시부터 11시 30분 사이에 만나 저녁식사를 한다. 그 후에는 커피와 술을 마시면서 편안한 분위기에서 재미있게 대화를 나누는 시간을 갖는다. 이것을 가리켜 라 소브레메사(디저트, 디저트 시간)라고 한다. 주말에는 밤을 꼬박 새우고 아침까지 술자리가 이어져서, 아침식사까지 한 다음에 귀가하기도 한다! 따라서 이곳 스페인에서 지내려면 체력이 필요하다. 축제(피에스타) 기간이라면 더욱 그렇다. 그래서 스페인 사람들은 밤 시간을 대비해서 낮에 짬이 나면 시에스타, 즉 낮잠을 자둔다. 안달루시아 지방의 파티를 즐기려면 어느 정도 훈련이 필요하다. 이곳 파티에 참석하다 보면 마치 파티를 마무리하는 마지막 잔이라는 말은 사전에 없는 것처럼 느껴질 수 있다. 마지막 잔 대신 계속해서 누군가 라 페눌티마, 즉 마지막에서 두 번째 잔을 마시자는 제안을 할 것이다. 이는 누구도 파티를 끝낸다는 말을 하고 싶지 않기 때문이다.

【소음】

스페인 사람들의 이 같은 활기찬 생동감으로 인해 많은 소음이 발생한다. 1990년, 마드리드 내 거리의 44%가 세계보건기구에서 견딜 만하다고 제시한 소음 기준을 넘어서는 소음에 지속적으로 노출되어 있는 것으로 나타났다. 모페드(모터 달린 자전거)가 요란한 소리를 내며 지나다니고, 시도 때도 없이 자동차 경적소리가 울린다. 바에 가면 슬롯머신 소리와 함께 한쪽 모퉁이에서는 늘 사람들이 몰려 앉아 TV를 시청하는 소리로 시끄럽다. 거기에다가 이를 뚫고 사람들이 큰 목소리로 대화하는 소리가 들린다.

스페인 사람들은 보통 소리를 지르는 성향이 있다. 모든 이가 자신의 의견을 말하고 싶어 하는 데다, 스페인어는 말소리가 귀에 잘 들어오는 언어이기 때문이다. 영국의 소설가이자 평론가였던 빅터 프리쳇은 그의 저서 『스페인 사람들의 기질Spanish Temper』에서 "카스티야 지방의 스페인어는 다른 무엇보다 남성성을 드러내는 언어라는 특징이 강하다. 아니면 어느 정도는 여성보다는 남성의 목소리에 더 잘 어울리는 언어다. 스페인에서는 멜로디가 없는 이런 언어를 들으면 깜짝 놀란다"고 비평한 바 있다.

만약 여러분 중에 스페인어를 써보고 싶다면 조용하게 말하지 말라. 그렇게 했다가는 하나도 들리지 않을 수 있다. 1983년, 교황 요한 바오로 2세가 스페인을 방문했을 때의 일이다. 교황은 "교황도 이야기 좀 합시다"라고 말한 후에야 그를 보기 위해 몰려든 인파를 조용하게 만들 수 있었다. 스페인 사람들은 마치 오랜 시간 말을 하지 않고는 버틸 수 없는 것처럼 보인다. 마치 속으로 생각한 것은 무엇이건 입 밖으로 내뱉는 것 같아 보인다. 이곳 스페인에는 조용한 시간이란 존재하지 않는다. 그리고 스페인 사람들은 침묵을 불편해한다.

> ### • 그들은 조용히 있지 못한다 •
>
> 어느 날 저녁, 안달루시아에서 온 한 방문객이 연극을 관람하다가 긴장감을 이기지 못하고, 무대 위에서 극중 미행을 당하던 배우에게 조심하라고 외치며 긴박한 경고를 보냈다고 한다.

매너

스페인 사람들은 소개를 받기 전까지는 격식을 차린 정중한 태도를 보인다. 하지만 일단 인사를 나누고 나면 규칙은 느슨해진다. 일단 여러분을 친구로 여기기 시작하면 여러분을 대하는 방식이 따뜻하고 친근하게 바뀌며, 예의 차릴 필요가 없어진다. 다른 많은 나라와 마찬가지로 스페인에서도 기성세대는 격식을 더 따지는 편이며, 일정한 거리를 유지하려 한다. 만약 여러분이 스페인 사람을 대하는 데 어떻게 해야 할지 확신이 서지 않는다면, 매너 좋게 행동하는 쪽을 선택하는 것이 안전하다.

여성은 다른 여성이나 남성과 인사할 때 양 볼에 한 번씩

키스를 한다. 만약 상대방이 아주 가까운 친척이나 친구라면 한쪽 볼에만 키스하는 경우도 가끔 있다. 남성끼리는 악수를 하는데, 가까운 친구 사이라면 포옹을 하면서 동시에 상대의 등을 큰 소리가 나게 두드린다. 일반적으로 스페인 사람들은 신체적 접촉을 무척 좋아한다. 그래서 어떤 말이나 농담을 강조하면서 여러분의 팔을 건드리는 경우가 종종 생길 것이다.

하지만 스페인 사람들은 때에 따라서는 외부인에게 예의를 차리지 않고 심지어 무례해 보일 수도 있다. 영어권 사람들, 특히 영국인들은 '부탁합니다'와 '감사합니다'라는 말을 덧붙이는 것이 보통이고 당연하다고 여긴다. 하지만 스페인에서는 가족 또는 가까운 친구 사이, 상점이나 식당에서처럼 일상적 대화를 나누는 곳에서는 이런 말을 하는 것이 과하고 불필요하다고 생각한다. 스페인어는 매우 직설적이다. 정중한 말투와 조건을 나타내는 표현은 자주 사용되지 않는다. 가령, 스페인 사람들은 바에서 "커피 한잔 해도 될까요?"라는 말은 하지 않는다. 그 대신 "폰메 운 카페, 포르 파보르("커피 한잔 부탁해요")" 또는 '부탁'이라는 말도 없이 "메 포네스 운 카페?("커피 한 잔 주세요")"라고 한다.

스페인어만 직설적인 것이 아니다. 스페인 사람들도 일단 여러분과 아는 사이가 되면 매우 직설적이 될 수 있다. 만약 오늘 여러분이 최상의 컨디션이 아닌 듯 보이면, 그들은 여러분에게 있는 그대로 이야기할 것이다. 단, 이는 공격하려는 의도가 있어서 그런 것이 아니라, 컨디션이 안 좋은 이유를 찾거나 여러분에게 몸을 돌봐야 한다는 말을 하고 싶어서 그런 것이다.

이러한 직설적인 화법은 좋은 점이 있다. 스페인 사람들은 친구에게나 지나는 행인에게나 칭찬의 대가다. 시장에 가면 많은 상인들이 여성 손님을 프린세사(공주님)나 레이나(여왕님)라고 부르며 말을 건다. 또한 길에서 만난 스페인 남성들은 여성의 외모를 칭찬하는 것을 부끄러워하지 않는다. 활기차게 "올라, 과파!("멋쟁이 아가씨, 안녕하세요!")"라고 하는 말을 자주 들을 수 있는데, 그렇다고 해서 꼭 반했다는 뜻을 내포하고 있는 것은 아니다. 이런 직설적인 모습을 좋아하는 사람도 있지만, 그렇지 않은 사람도 있는 법이다. 만약 여러분이 후자에 해당한다면, 너무 언짢아하지 않도록 하라. 이런 평가를 그냥 무시해 버리면 그냥 그러다가 만다. 더 좋은 방법은, 이런 말을 들으면 미소로 응대하고 가던 길을 가는 것이다.

03

풍습과 전통

스페인은 풍부한 관습과 전통을 지닌 나라다. 각 지방마다 그 지역의 특색을 보존하기 위해 자부심을 가지고 이런 관습과 전통의 맥을 이어가고 있다. 1년 내내 곳곳에서 많은 피에스타가 개최되며, 생동감 넘치는 열정으로 축제에 참가하는 사람들 덕분에 축제 하나하나가 잊을 수 없는 경험이 된다.

스페인은 풍부한 관습과 전통을 지닌 나라다. 각 지방마다 그 지역의 특색을 보존하기 위해 자부심을 가지고 이런 관습과 전통의 맥을 이어가고 있다. 1년 내내 곳곳에서 많은 피에스타가 개최되며, 생동감 넘치는 열정으로 축제에 참가하는 사람들 덕분에 축제 하나하나가 잊을 수 없는 경험이 된다. 대부분의 축제는 종교에 뿌리를 두고 있지만(성주간, 성지순례, 성인 축일), 지금은 종교보다는 사회적 측면이 중요해졌다. 이런 축제가 되면 휴식을 취하거나 여행을 떠나는 기회로 삼는 사람들이 많다. 그 외에도 역사적 사건을 바탕으로 하거나 그 근원이 세월의 미스터리 속에 감춰져 있는 축제들도 있다. 뒤에서 스페인에서 가장 중요한 축제 중 일부가 소개되어 있지만, 이외에도 셀 수 없이 많은 축제가 있다.

스페인어 '피에스타'는 축제, 공휴일, 아니면 단순히 파티라고 번역할 수 있다. 스페인 사람들은 가히 축하 예술의 대가다. 모든 도시와 소도시, 마을에는 그곳만의 축제가 있다. 대개 그 지역 수호성인과 관련된 축제이며, 축제 기간은 보통 1~2주 사이다. 이 중에는 국제적으로 명성이 자자한 피에스타도 있다. 예를 들면 안달루시아에서 특히 성대하게 열리는 라 세마나 산타(성주간), 팜플로나 거리를 달리는 황소 떼로 유명한 성

페르민 성인을 기리는 축제인 로스 산 페르니메스, 거리에서 토마토를 무기로 전투를 벌이는 부뇰(발렌시아)의 라 토마티나가 대표적이다.

공휴일

20년 전 스페인은 하루걸러 휴일인 것 같았던 시절이 있었다. 하지만 지금은 다 정비되었고 종교축제 중 일부는 더 이상 축제로 간주되지 않는다. 스페인의 축제는 네 가지 종류로 구분된다. 전국에 일괄 적용되는 국경일, 광역자치지역(행정구역상의 자치지역) 차원에서 다르게 대체될 수 있는 국경일, 자치공동체(지방) 공휴일, 광역자치지역의 수도에서 지내는 휴일 등이다.

다음 표에는 국경일이 실려 있다. 모든 지방에는 그 지방의 수호성인이 있어서, 대개 이 성인의 축일을 축제로 삼는다.

공휴일이 화요일이나 목요일에 오는 경우, 스페인 사람들은 월요일이나 금요일을 비공식적인 추가휴일로 삼아서 주말을 끼고 긴 휴가를 즐긴다. 이것을 가리켜 푸엔테(다리)라고 하는데, 특히 12월 6일과 8일에 그렇게 많이 한다. 공휴일이 주말과

국경일	
1월 1일	새해 첫날
1월 6일	예수공현대축일
4월 0일*	성금요일
5월 1일	메이데이/ 노동절
8월 15일	성모승천대축일(은행 제외)
10월 12일	스페인 건국기념일
12월 8일	성모의 원죄 없으신 잉태대축일
12월 25일	크리스마스

- 최근 수년간 국경일 수가 상당히 감소했다. 현재 남아 있는 국경일은 8개뿐이다.
* 확정된 날짜 없이 3월과 4월 중에 음력에 따라 변동된다. 봄의 첫 번째 보름달이 언제 뜨느냐에 따라 정해진다.

겹치는 경우에는 다른 날로 바꾸는 일은 없다. 대부분의 사람들은 8월에 연례휴가를 떠난다. 그래서 많은 기업, 특히 중소기업은 이 기간 동안 휴업기간에 돌입한다.

축제 달력

피에스타 중에는 그저 며칠 쉬는 날로 여겨지는 경우가 있는 반면, 일주일 내내 밤낮을 가리지 않고 흥청대며 보내도 되는 경우도 있다. 가장 유명한 축제 몇 가지를 소개하고자 한다.

【 크리스마스(나비다드) 】

크리스마스 이브는 노체부엔(성야)이라고 한다. 평소 미사에 잘 나오지 않았더라도 이날만큼은 많은 사람들이 성탄 밤 미사에 참석한다. 또한 가족끼리 잘 차린 저녁을 즐기고, 그다음 날에도 성대한 점심식사를 함께 한다. 대개 조개, 생선, 칠면조

· 엘 티오 축제 ·

카탈루냐 어린이들은 12월 24일이면 엘 티오(통나무)로부터 선물을 받는다. 어린이들은 예쁘게 장식한 통나무를 방에 두고 나온 뒤, 엘 티오에게 기도하고 노래한다. 그런 다음 다시 방으로 들어가서 막대기로 통나무를 두드린 후, 천 밑에서 선물을 발견한다. 사실 엘 티오는 선물을 주는 것이 아니라 카가르, 즉 싸는 것이다(정중하게 표현하자면 '선물을 통나무 끝에서 뽑아낸다'고 하겠다). 수업 중에 아이들이 필자에게 이 전통을 처음 설명해주었을 때, 필자는 아이들이 수업 중에 무례하게 굴었다고 생각하고 벌로 숙제를 더 내준 적이 있었다! 물론 나중에 아이들에게 사과했다.

나 양고기 요리가 올라온다. 아몬드 케이크와 누가 역시 이날에 즐기는 전형적인 음식이다. 대부분의 가정에서는 성가정과 양치기, 동방박사로 구성된 구유(벨렌)를 준비한다. 그런데 카탈루냐 지방 구유에 독특하게 등장하는 캐릭터가 하나 있다. 바로 엘 카가네르인데, 이 인물은 크리스마스 구유 한쪽 모퉁이에서 바지를 발목까지 내린 채 쭈그리고 앉아 있다.

그런데 1월 5일에야말로 마법의 밤이 펼쳐진다. 각 도시마다 로스 레이에스 마고스, 즉 동방박사의 도착을 축하하는 퍼레이드가 열린다. 이들은 말이나 낙타를 탄 채 시종을 거느리고 퍼레이드하면서 길가에 늘어서 있는 모든 아이들에게 사탕과 초콜릿을 던져준다. 이날 밤, 아이들은 잠자리에 들기 전에 동방박사와 그들이 타고 온 낙타에게 줄 음식과 음료수를 준비해놓는다. 다음 날 아침 아이들은 선물이 와 있는 것을 발견한다. 이 전통은 12월 25일, 엘 디아 데 나비다드(크리스마스)에 오는 산타클로스와는 별도로 진행된다. 어떤 경우에는 두 날 모두 선물을 받는 행운을 누리는 아이들도 있다.

【 노체비에하 】

신년 제야(노체비에하)에도 가족이나 친구들이 모여 성대한 만

찬을 즐긴다. 자정이 되면 푸에르타 델 솔('태양의 문'이라는 이름의 마드리드 중앙광장. 이곳을 기점으로 스페인 전역의 거리를 측정한다)을 시작으로, 이어서 스페인 전역으로 차임벨이 울린다. 사람들은 모두 차임벨이 한 번 울릴 때마다 포도를 한 알씩 먹는다. 팁을 주자면, 이때 포도를 씹으면 안 된다. 씹으려다 보면 입안에 포도가 가득하게 된다. 벨이 울릴 때마다 그냥 한 알씩 삼키고 또 삼키면 된다! 사람들은 새해가 온 것을 환영하며 카탈루냐 지방에서 생산되는 스파클링 와인 카바를 마신다. 만찬이 끝나면 젊은 사람들은 놀러 나가서 다음 날 아침 늦게까지 귀가하지 않기도 한다.

【 산호세 축제 】

3월 19일, 성 요셉 축일은 한때 스페인 전역에서 공휴일로 기념했던 날이지만 지금은 대부분의 지방에서 이날 대신 다른 날을 휴일로 삼는다. 하지만 발렌시아에서는 지금도 이 축일을 중요하게 여긴다. 그 이유는 이날이 아버지의 날과 겹치는 데다, 이 지방에서 최대로 볼거리가 많고 최대 규모를 자랑하는 축제 라스 파야스가 끝나는 날과 맞물리기 때문이다. 라스 파야스는 각 지방이나 국가, 더 나아가 세계적인 유명 인사들을 풍자적이고 환상적으로 표현한 거대한 종이반죽 인형이다. 파야를 만드는 장인은 그해의 파티가 끝나는 순간부터 다음 해에 쓸 파야 제작에 돌입한다. 파야 중에는 빌딩 높이에 맞먹을 정도로 큰 것도 있어서 제작비용이 몇백만 유로까지 드는 경우도 있다. 피에스타 기간이 시작되는 3월 15일에 심사위원단이 그해 최고의 파야를 선정한다. 종합 우승자뿐만 아니라 2등과 3등도 시상하며, 독창성과 전통적 거인의 해석에 관한 상도 있다. 각 파야마다 인형은 단 하나만 남긴다. 이렇게 살아남은 인형을 니노트 인둘타트^{ninot indultat}라고 한다. 나머지 인형들은 3월 19일에 의식을 치르면서 불태워진다. 스페인에는 종교적 성격을 지닌 거리 행렬이 매우 많다. 사람들은 위풍당당하게 차려입고 그들의 수호성인 비르젠 데 로스 데삼파라도스(힘없는 자들의 성모)에게 헌화한다. 폭죽 수백 개가 터지는 소리로 축제는 대단원의 막을 올린다. 꼬리에 꼬리를 물고 폭죽이 터지면서 벽이 흔들리고 공기 중에 화약 냄새가 진동한다. 화약 냄새와 함께 초콜릿 추로스와 이 계절에만 특별히 만들어 먹는 지방 특산 과자인 부뉴엘로스에서 풍기는 달콤한 향도 맡을 수 있다. 폭죽이 하늘을 환하게 밝히는 때가 바로 이 축제의 하이라이트다.

【카니발】

이 축제는 속죄와 금욕을 시작하는 사순절(단식과 속죄를 하며 부활을 준비하는 부활 전 40일)이 되기 전에 마지막으로 실컷 즐기는 자리다. 카니발 기간에는 해서는 안 되는 것이라고는 없다. 스페인 내전 동안 프랑코는 반군 점령지 안에서는 카니발을 금지시켰다. 가면을 쓴 참가자들을 알아볼 수 없었기 때문이다. 내전이 끝난 후에도 카니발을 반대하는 주장이 여전히 많아서 프랑코는 1937년에 다시 한번 카니발을 금지했다. 하지만 비록 스페인 전역에서 모두 크게 행해지는 것은 아니지만 1975년부터 카니발이 다시 열리기 시작했다. 동네에서는 참회의 화요일 전후 주말에 행렬을 벌인다. 규모가 큰 곳에서는 한주 내내 축제가 이어진다. 카나리아 제도에서 열리는 카니발은 화려한 꽃수레와 아슬아슬한 복장을 한 참가자 등 브라질 리오만큼 멋지게 열린다.

안달루시아 카디스에서 열리는 카니발 역시 아주 특별하다. 16세기에 스페인의 주요 항구 중 하나였던 카디스는 긴밀한 무역 관계를 맺었던 베니스의 카니발을 본떴다. 이때부터 카디스는 스페인 본토에서 가장 생동감 있고 황홀한 카니발의 도시가 되었다. 특히 재미있고 독창적인 복장과 풍자적인 노래로

유명하다. 카디스에서는 로스 카르나발레스(카니발)가 폐지된
적이 한 번도 없었다.

【부활절】

부활 축제는 부활절 바로 전 주인 세마나 산타(성주간)에 시작
한다. 이 시기에 스페인 전역의 많은 곳에서 종교 행렬이 열리
지만, 그중에서도 가장 유명한 축제가 바로 안달루시아에서 개
최되는 부활절 축제다. 바야돌리드와 사모라 등 카스티야 지방
의 행렬은 안달루시아 지방의 세비야나 말라가의 행렬에 비해

소리아 지방 아그레다에서 고통 받는 그리스도를 재현하는 성금요일 행렬

훨씬 소박하다. 안달루시아 지방에서는 누가 더 화려하고 눈부신지 경쟁이라도 벌이듯 날마다 다양한 행렬이 열린다.

실물처럼 보이는 십자가 위의 예수상과 울부짖는 성모상을 실은 퍼레이드 행렬은 서로 다른 교회에서 출발하여 천천히 거리를 굽이돈다. 로스 파소스(예수 최후의 날을 재현한 거대한 동상)

를 실은 꽃수레는 에르만다드 혹은 코프라디아(무역길드나 기타 그룹을 대표하는 종교단체) 회원들이 밀거나 끌고 간다. 참가자들은 이 동상의 정교한 복장과 장식을 만드느라 1년 내내 공을 들인다. 참회자들은 눈구멍이 뚫려 있는 긴 모자가 달린, KKK단을 연상시키는 옷을 입는다. 안달루시아에서는 퍼레이드의 동상들을 향해 지정된 발코니에서 사에타(절규하는 듯한 플라멩코 노래)를 부른다. 안달루시아에서는 다른 소음도 많이 나고 다양한 축제가 많이 열리지만, 그런 가운데서도 이 사에타는 큰 감동을 준다.

이밖에도 중세 때부터 전해지고 있는 전통이 하나 있다. 여러 도시에서 그 지역 주민들이 연기하는 '예수 수난극'이다. 이 연극에서는 예수가 십자가에 못 박히기까지의 사건이 묘사된다.

【 산 조르디 축제 】

그레고리오 축일(4월 23일)은 그레고리오 성인을 수호성인으로 모시고 있는 카탈루냐에서 기념일로 지낸다. 이날은 카탈루냐 지방의 밸런타인데이에 해당한다. 여성은 장미를, 남성은 책을 선물받는다. 하지만 요즘 여성들은 요구가 많아져서 남성들에게 장미와 함께 책도 달라고 한다. 장미는 성 그레고리오가 죽인 용이 흘린 피에서 자라난 장미를 상징한다. 책을 선물하는 이유는 바로 이날이 세르반테스 서거일이기 때문이다. 이것은 최근에 생긴 관습이다.

【 코르푸스 크리스티 축제 】

그리스도의 성체성혈대축일은 그리스도가 성체 안에 현존하는 것을 기념하는 날로, 삼위일체대축일 다음에 오는 첫 번째 목요일이다. 몇몇 도시에서는 이날을 중요한 축제로 지내며 대개 각종 꽃으로 축하한다. 안달루시아에 있는 아름다운 도시 코르도바에 있는 집들은 무어족의 이슬람 전통에 따라 지어진 것들이다. 집 외관에는 거의 장식이 없지만, 집 안쪽에는 꽃으로 가득한 안뜰이 있다. 사유지이지만 코르푸스 크리스티 축제날만큼은 이 파티오patio를 모든 사람에게 개방한다. 바르셀로나 근교에 있는 시체스에서는 문양 있는 양탄자처럼 꽃송이가 깔려 있는 거리를 볼 수 있다. 이때 사용되는 꽃은 주로 카네이션이다.

【 산 후안 축제 】

성 요한 축일 전야(6월 23일) 축제, 즉 하지 전야 축제에는 마법 같은 밤이 펼쳐진다. 장소는 주로 해변이다. 산 후안 축제와 관련해서는 많은 미신이 있다. 사람들은 해변에 모닥불을 피우는데, 말라가에서는 행운을 얻기 위해 불길이 잦아들 때 그 위를 뛰어넘는 전통이 있다. 그래도 가장 유명한 행사는 소리아 지방에 있는 산 페드로 만리케에서 행해지는 '불 속 통과하기'다. 이때 남자들은 아직 불타고 있는 숯 위를 맨발로 지나가면서도 아무런 상처도 입지 않는다. 메노르카섬에 있는 시우타데야에서는 이날 카라콜레오스라는 행사가 열린다. 여기서는 기수가 올라탄 말이 앞발을 들고 중세시대를 연상시키는 게임을 하며 축제의 장관을 이룬다.

【 산 페르민 축제 】

이 축제는 스페인 북부 나바라 지방에 위치한 팜플로나 거리 곳곳에서 황소 떼가 활보하는 것으로 유명하다. 1주일간 계속되는 이 축제는 엘 추피나소라고 불리는 개회식과 함께 7월 7일에 공식적으로 시작된다. 시장의 연설과 함께 불꽃놀이가 펼쳐지고, 사람들은 함성을 지르며 엄청난 양의 카바 와인을 마신다. 매일 투우가 시작되기 전에 엔시에로(도시 외곽에 있는 황소 우리에서 밖으로 풀어준 황소를 투우장으로 몰아넣는 행사)가 벌어진다. 황소들이 거리를 가로질러 달리면, 흰색 셔츠에 붉은 띠를 두른 지역주민들이 그 앞으로 달려간다. 이때 외부인들도 많이 달리는데 그러다가 부상을 입는 경우도 자주 발생한다. 그래서 이 축제의 성격, 안전성, 음주에 대한 논쟁이 불붙기도 한다. 이런 축제는 밤새도록 계속된다.

라 비르헨 델 로시오는 사람들이 많이 찾는 순례지다.

성지순례와 장터 축제

【엘 로시오】

안달루시아는 피에스타가 열리는 유명한 성지를 찾아가는 로메리아스(성지순례)로 유명한 지방이다. 아마 그중에서도 가장 멋진 곳은 라 비르헨 델 로시오(이슬의 성모)에게 헌정된 곳으로, 짧게 줄여 엘 로시오로 알려져 있다. 과달키비르강 델타의 습지대에 위치한 작은 마을 엘 로시오에 모이기 위해 스페인 전역에서 거의 100만 명이 먼 길을 떠나온다. 이곳의 성모상은 1280년부터 경배의 대상이 되었다. 순례자들은 말을 타거나 화사하게 장식된 마차를 타고 와서 이 지역을 화려하고 요란한 파티 장소로 탈바꿈시킨다. 축제의 절정은 성령강림대축일 월요일 바로 전 주말이다. 그 후 월요일 새벽에 성모상은 교회 밖으로 옮겨져서 순례자들에게 모습을 드러내고, 순례자들은 성모상을 만져보려고 처절하게 팔을 쭉 뻗는다. 이렇듯 종교적으로 열성적인 모습은 세마나 산타 축제 행렬에 사용할 파소를 만들 때와 마찬가지로 안달루시아 사람들 특유의 기질을 여실히 보여준다.

【 엘 카미노 데 산티아고(산티아고 순례자의 길) 】

이 길은 중세시대부터 국제적으로 명성이 자자한 순례 코스다. 스페인 북서부 갈리시아 지방에 있는 산티아고 데 콤포스텔라에는 사도 야고보(산티아고)가 묻혀 있다고 전해진다. 그래서 그의 묘를 찾아 유럽 전역에서 순례자들이 스페인 북부를 가로지르는 엘 카미노 델 산티아고 길을 따라 이곳으로 찾아온다. 성 야고보는 무어족을 스페인에서 축출하는 국토회복운동을 벌인 것으로도 알려져 있는 가톨릭 국왕들에 의해 스페인의 수호성인으로 지정되었다. 성지순례는 14세기에 인기가 시들해진 뒤, 1878년 교황 레오 13세가 사도 야고보의 유해가 진짜임을 확인한 후부터 점차 다시 늘어나기 시작했다. 종교적 이유로 성지순례를 하는 사람은 누구나 '콤포스텔라' 증명서를 받을 수 있다. 하지만 그러려면 걷거나, 자전거나 말을 타고 순례자의 길을 일정 구간 여행했다는 증거를 보여줘야 한다. 걷거나 말을 탄 경우에는 적어도 100km, 자전거로 여행한 경우에는 적어도 200km를 순례해야 한다. 오늘날 이 순례자의 길은 종교적 의도가 없는 도보 여행자들도 즐겨 찾는 코스가 되었다. 가톨릭 숙소나 자선단체가 운영하는 지역 숙소에 숙박할 때는 명목상의 비용만 지불한다. 대개 프랑스와 연결된 코스가 사람들로 가장 붐비는데, 여름이면 특히 더 사람이 많다. 그런 이유인지 이 코스는 무척 상업화되었다.

【 라 페리아 데 세비야(세비야 축제) 】

이 축제는 세마나 산타 이후 2주 뒤에 열린다. 여름 내내 안달

세비야 축제에 온 방문객들이 전통적인 안달루시아 옷을 입고 마차를 타고 있다.

루시아 전역에서 열리는 여러 페리아(장터 축제) 중 가장 먼저 테이프를 끊는 셈이다. 연례행사로 열리는 이 페리아는 중세시대에 뿌리를 둔다. 당시에는 지역 생산품을 도시에서 도시로 교환하는 주요 수단이 바로 이런 장터였다.

안달루시아 지방의 모든 도시와 마을에는 고유의 페리아가 있다. 만약 초인적인 인내력이 있다면 여름 내내 안달루시아 지방을 돌며 각지에서 열리는 페리아를 다 둘러보는 것도 가능할지 모른다. 안달루시아 외에도 대부분의 지방에는 유사한 페리아가 있으며, 일반적으로 8월에 많이 열린다. 그런데 밤과 낮의 풍경이 다르다. '낮 장터'는 교통을 통제한 세비야 시내 길거리에서 열린다. 행사 기간 동안 다른 업체는 문을 닫는다. 길거리에 테이블과 의자가 마련되고 바에서는 음식과 음료가 제공되며 곳곳에서 음악 소리가 들린다. 남녀노소가 어울려 노래하고 춤추며, 관광객들의 참여도 언제나 환영이다.

밤이 되면 장터는 도시 외곽에 있는 레신토 페리알(공공 장터)로 무대가 옮겨진다. 이곳에는 어린이들이 타고 놀 수 있는 놀이기구가 있는 전통적인 놀이공원도 있고, 세비야에 있는 다양한 클럽과 협회, 정당에서 세운 여러 카세타(작은 천막)가 있다. 이 가운데에는 공연이 열리는 곳도 있으며, 모든 카세타 안에는 음악이 흘러나오고, 춤을 출 수 있는 공간과 바도 있다. 여러분은 밤새도록 세비야나스(세비야의 전통 춤곡) 음악 소리를 듣고 전통적인 긴 주름 드레스를 입은 아가씨들이 우아하게 춤추는 모습을 볼 수 있다. 일부 카세타는 개인적으로 초대받은 사람들만 입장이 허용된다. 하지만 시의회에서 세우고 모든 사람에게 개방된 대형 카세타 무니시팔은 항상 열려 있다. 대부분의 경우 페리아는 주중에 시작해서 일요일 밤에 막을 내린다. 하지만 규모가 큰 도시에서는 일요일 밤 자정에 불꽃놀이와 함께 개막하기도 한다. 사람들이 축제의 여흥에서 일상으로 돌아오도록 페리아가 끝난 다음 월요일은 지역 공휴일인 경우가 많다.

【 히간테스 이 카베수도스 】

히간테스 이 카베수도스는 피에스타 동안 가두 행렬을 하는 '머리가 큰 인형'과 '거인 인형'을 말한다. 이렇게 커다란 인형을 앞세워 퍼레이드를 하는 전통은 적어도 중세시대부터 이어져 내려온 것이다. 거인 인형은 주로 종이반죽으로 만든 키가 큰 왕과 왕비 인형이다. 옷 안쪽에 숨어 있는 사람이 인형의

팜플로나의 산 페르민 축제에서 거대한 인형이 대성당 종소리에 따라 춤을 추고 있다.

뼈대를 들고 움직인다. 카베수도스는 얼굴을 숨기기 위해 종이 반죽으로 만든 거대한 머리 탈을 뒤집어쓴다. 거리를 행진할 때 이들보다 먼저 밴드가 앞장을 선다. 그 뒤를 히간테스가 아주 정적인 자세로 따르는 반면, 카베수도스는 그 주위에서 춤을 추거나 아이들의 뒤를 쫓아다닌다. 이들은 각자 자기 음악에 맞춰서 각기 서로 다른 춤을 춘다. 한 쌍 이상의 히간테스와 그 주변에서 카베수도스 여럿이 퍼레이드를 벌이는 도시들이 많다.

【 드락, 디아블로, 카스텔 축제 】

용(드락), 악마(디아블로), 탑(카스텔)이라고 하니 마치 동화 속 이야기처럼 들린다. 하지만 이들은 실제로 카탈루냐 지방의 피에스타를 이루는 주요 요소다. 많은 전통 행사에서 불(포크)은 빠질 수 없는 역할을 한다. 그러므로 퍼레이드를 구경할 때 화상을 입지 않도록 거리를 두면서 조심해야 한다. 코레폭(불 속을 달리기)은 해가 지면 도심에 악마 분장을 한 사람들이 모여서 불꽃을 뚫고 달리는 행사다. 악마로 분한 사람들은 손에는 횃불을 들고 폭죽을 쏘고 불꽃을 뿜어내면서 용보다 앞서 달려간다. 이들은 구경꾼들을 쫓아가기 때문에, 사람들은 모두 모자와 스카프, 낡은 옷을 걸쳐 입고 화상을 입지 않도록 몸을 보호한다. 용은 긴 천 속에 사람들이 모여서 만드는데, 구경 나온 사람들 모두에게 불을 뿜어낸다(이렇게 폭죽이 더 터진다!). 대개 퍼레이드는 작은 광장에서 끝나며, 이곳에서 사람들은 가능한 한 용 가까이 가기 위해 펄쩍펄쩍 뛰어댄다. 이 같은 행사 중 가장 격렬한 것이 바로 바르셀로나 북부 산악지대에 위치한 소도시 베르가에서 열리는 엘 파툼, 즉 베르가 축제다.

반면, 카스텔(성, 탑)은 불과는 전혀 관련이 없다. '인간탑'을 말하는 이것은 낮에 열리는 축제의 일부다. 사람들은 다른 사람의 어깨를 딛고 올라가 탑을 만든다. 여러 팀이 경합을 벌여서 다양하게 변형된 모양을 만든다. 제일 꼭대기에는 항상 작은 어린아이(안시네타라고 한다)가 올라간다. 안사네타는 어른 4~5명을 합쳐놓은 만큼 높은 인간탑 정상에 기어 올라가서 공중에 팔을 벌리고 선 다음 이와 거의 동시에 미끄러지듯 내려온다. 이들은 걸음마를 할 때부터 훈련을 받기 때문에 손쉽게 탑 위를 오르내린다.

【 라 토마티나 】

발렌시아 지방의 부뇰에서 열리는 토마티나 축제 기간 동안,

거리는 온통 군중으로 가득 찬 전쟁터로 변한다. 전투에서 사용할 치명적인 무기는 아주 잘 익은 토마토로, 그 양이 100톤이 넘는다. 이 축제는 8월 마지막 수요일에 열린다. 여기에 참가하기 위해 중국, 호주, 미국 등 세계 각지에서 수천 명이 서둘러 도착한다. 2012년에는 5만 명이 넘는 사람들이 이런 아수라장에 동참했을 정도로 성공을 거두었다. 그러면서 안전과 인프라 측면에서 여러 가지 문제가 대두되었고, 그 결과 2013년부터는 공식 입장 티켓을 발행하여 토마토 전투 참가 인원을 2만 명으로 제한하고 있다.

【 로스 모로스 이 크리스티아노스 】

'무어인과 크리스천'이라는 의미의 축제는 양측 사이의 전투를 기념하기 위해 다양한 도시에서 열린다. 며칠간 가짜로 싸움을 하고 거리 행진을 벌인 뒤 그리스교도가 이기는 것으로 끝난다.

기타 풍습

스페인에서는 생일(쿰플레아뇨스)을 조금 특이하게 보낸다. 생일이면 어린이들은 케이크와 선물을 받는 파티를 하지만, 어른들은 선물을 받는 대신 사람들에게 한턱을 내는 것으로 되어 있다. 그러므로 스페인에서는 많은 사람들에게 '생일 축하' 노래를 불러달라고 하기 전에 먼저 잘 생각해보아야 한다! 생일날 밤이 지나면 여러분의 지갑이 텅텅 비어버릴 수 있기 때문이다.

산토스는 '영명축일'이다. 달력을 보면 언제가 어떤 성인의 축일인지 알 수 있다. 하지만 매일매일이 축일이기 때문에 일일이 축하하는 일은 거의 없다. 다만, 인기 많은 수호성인의 축일과 겹쳤을 때는 예외다. 누군가의 산토, 즉 영명축일은 그 사람이 이름을 따온 성인의 축일이다. 예를 들어 여러분의 이름이 호세라면 영명축일은 3월 19일이 된다. 실제로 어떤 사람들은 자신의 생일보다 영명축일을 더 성대하게 축하하기도 한다. 특히 그 성인이 아주 유명할 경우에는 더욱 그렇다.

스페인에서 '13일의 금요일'은 불길한 날이 아니다. 그리스와 라틴아메리카 일부 지역과 마찬가지로 스페인에서는 마르테스 트레세(13일의 화요일)에 액운이 깃든다고 믿는다. 화요일이 이런 악명을 얻게 된 데는 여러 가지 설이 있다.

스페인에서는 4월 1일이 만우절이 아니라 12월 28일이다. 이날 어린아이들은 서로 속이면서 악의 없는 장난(이노센타다)을 친다.

지금까지 살펴본 것은 스페인의 다양한 풍습과 전통의 극히 일부에 불과하다. 각 지방에는 그 지방마다 고유한 풍습과 전통이 있다. 그런데 때때로 규모가 작은 축제가 최고의 축제가 되기도 한다. 규모가 큰 축제에는 인파가 너무 몰리고 관광객으로 발붙일 곳이 없는 경우가 많기 때문이다. 지역 축제에 현지인과 동행할 수 있는 기회가 생긴다면, 여러분의 인생에서 크게 기억이 남을 경험이 될 것이다.

플라멩코

많은 피에스타에서 중요한 역할을 하는 스페인의 플라멩코 음악과 춤은 세계적으로 유명하다. 히타노(집시)는 플라멩코의 장인이며, 플라멩코를 스페인에 전파한 장본인으로도 여겨진다.

초기 플라멩코는 박수(토케 데 팔마스)로 리듬을 맞추는 정도만 하고 오로지 목소리로만 노래를 했던 것으로 보인다. 기타가 도입된 것은 훗날이다. 문학작품 속에 플라멩코가 처음 언급된 것은 1774년이다. 1765년과 1860년 사이에 최초의 플라멩코 학교가 카디스주에 있는 헤레스 데 라 프론테라와 세비야주에 있는 트리아나에 설립되었다.

가장 진지하고 힘이 넘치는 플라멩코 창법인 '칸테 온도^{cante hondo}'는 1869~1910년 사이의 플라멩코 황금기에 개발되었다. 1915년 이후로 계속해서 전 세계에 플라멩코 쇼가 기획되고 공연되었다. 그 후 잠시 인기가 소강상태에 접어들었다가 1955년에 소위 플라멩코 르네상스가 일어났다. 실력이 뛰어난 여러 무용수와 독주자가 비좁은 타블라오(플라멩코 클럽)를 벗어나 규모가 큰 극장으로 무대를 옮겼고, 기타 연주자들도 더욱 인정받기 시작했다.

투우

투우 역시 수많은 피에스타에 등장하는 단골 메뉴다. 그 기원

투우사와 황소

은 중세시대로 거슬러 올라간다. 그 시대에는 귀족의 오락거리로 말을 타고 투우를 했다. 18세기가 되자 가난한 사람들이 오늘날처럼 말을 타지 않고 맨발로 하는 새로운 버전의 투우를 만들었다. 1700년경에 스포츠로서 투우의 규칙을 정립한 프란시스코 로메로는 투우의 아버지로 불리는 인물이다.

투우 팬들은 라 코리다(투우)를 스포츠라기보다는 하나의 예술로 생각한다. 투우에서는 기술이 무척 중요하기 때문이다. 사실 투우는 토로 브라보가 없었다면 존재하지 못했을 것이다. 토로 브라보는 황소의 한 종류로 지금은 오직 스페인에만 있다. 투우를 할 때는 절차가 엄격히 준수되어야 한다. 3명의 마타도르, 즉 주역 투우사가 각각 이끄는 팀이 먼저 관중에 소개된다. 그런 다음 첫 번째 투우사가 장내에 입장한다. 이후 코리다는 세 파트로 진행된다.

- 먼저 마타도르가 오직 망토만으로 황소를 대적하고 방어하는 기술을 보여준다. 그런 다음 말을 타고 창을 든 피카도르가 합류하여 황소를 괴롭힌다.
- 조수(반데리예로) 3명이 각기 반데리야(짧은 작살) 한 쌍씩을 황소의 등에 꽂는다.
- 다시 주역 투우사 마타도르가 등장하여 빨간 망토로 황소를 장악하는 파에나(기술)를 보여준다. 그런 다음 그가 검으로 황소를 찔러 죽이는 것으로 코리다는 끝난다.

투우는 2012년 카탈루냐에서 금지되었다. 이후 카탈루냐 자치 공동체에 있는 모든 투우장이 문을 닫거나 다른 용도로 사용되고 있다. 하지만 일각에서는 이런 금지 조치를 재평가해야 한다는 주장도 있다.

스페인에서 황소는 투우 외에도 다양한 형식으로 열리는

많은 지역 축제에 전통적으로 등장한다. 산 페르민 축제의 엔시에로(황소 몰면서 달리기)나 밤에 황소의 뿔에 장치를 달아 불을 붙이는 행사인 토로 엠볼라도가 그 예다. 또한 발렌시아 지방의 알리칸테주에 있는 데니아에서 전통적으로 행해지는 보우스 아 라 마르 행사에서는 마을의 높은 지점에서 엔시에로, 즉 소몰이를 시작하여 바다 바로 옆에 만든 임시 투우장으로 소를 몰아간다.

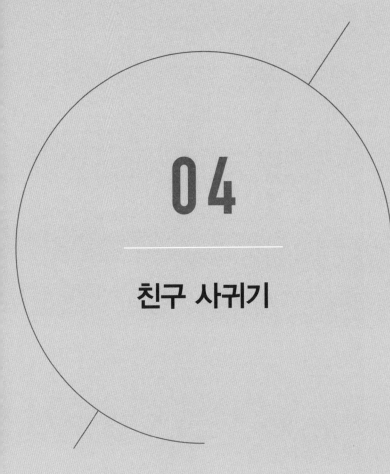

04

친구 사귀기

스페인 사람들은 특유의 사교성, 친화력, 따뜻한 환대로 유명하다. 이들은 여가 시간의 대부분을 집 밖에서 보낸다. 스페인 사람들은 이야기하는 것을 좋아해서 누구를 만나더라도 대화를 시작한다. 남쪽 지방으로 내려갈수록 새로운 사람을 사귀기가 쉬운 듯하다.

앞서 살펴보았듯 스페인 사람들은 특유의 사교성, 친화력, 따뜻한 환대로 유명하다. 이들은 여가 시간의 대부분을 집 밖에서 보낸다. 여러분은 스페인 사람들의 집에서도 물론 환영을 받겠지만, 아마도 그곳의 멋진 날씨 때문에 이들은 대개 집 밖에서, 밤이건 낮이건 그들이 좋아하는 바나 레스토랑에서 만나는 것을 선호한다. 스페인 사람들은 이야기하는 것을 좋아해서 누구를 만나더라도 대화를 시작한다. 남쪽 지방으로 내려갈수록 새로운 사람을 사귀기가 쉬운 듯하다.

날씨와 기후가 스페인 사람들의 습관에 영향을 미치는 것은 분명해 보인다. 스페인에서 한여름 태양이 작열하는 대낮에 밖에 나오는 것은 '미친 개와 영국인'이 유일하다는 말이 있다. 시원한 저녁에 모든 일이 다 벌어지기 때문에 여름 낮 시간에는 사람들 대부분이 휴식을 취한다. 스페인 사람들은 보통 퇴근 후 먼저 근처 바에 가서 긴장을 푼다. 그런 다음 집이나 식당에 가서 저녁식사를 한다. 저녁 8시까지 업무를 마무리하지 않는 사람들도 있기 때문에, 10시가 될 때까지 저녁을 먹지 않는 경우도 생긴다. 그 후 저녁식사 시간은 두 시간 또는 그 이상이 될 수도 있다. 주말에는 이렇게 저녁을 마친 후, 대부분 술집이나 클럽으로 가서 새벽이 될 때까지 즐긴다.

때때로 아침식사까지 한 다음 귀가하는 경우도 있다. 이것을 두고 농담 삼아 '일찍' 귀가한다고 말하기도 한다. 하지만 스페인 사람들은 이렇게 늦게까지 놀았더라도 다음 날이 되면 일찍 일어나는 것을 당연하게 여긴다. 특히 일을 해야 하는 경우라면 더욱 그렇다. 그러니까 스페인 사람들은 근무시간과 사교생활에 할애하는 시간이 길기 때문에 수면 시간이 아주 적다. 물론 자녀가 어린 경우에는 당연히 가정 중심적으로 생활하고 밤을 새울 정도로 늦게까지 유흥을 즐기지는 않는다. 하지만 꽤 늦은 시간까지 밤 문화를 즐기는 경향은 강한 편이다.

자, 그렇다면 어떻게 스페인 친구를 사귈 수 있을까? 만약 여러분이 스페인에서 일하거나 공부하는 경우라면, 일단 직장 동료나 학교 동급생부터 사귀기 시작하라. 대개 첫 번째 비즈니스 미팅은 정중하게 예의를 갖추는 자리가 되지만, 그다음부터는 금세 친근한 분위기가 된다. 스페인 사람들에게는 여러 친구나 가족이 참석하는 큰 모임이 사교의 장이 되는 경우가 보통이다. 그래서 여러분이 한 사람과 친구가 되면 그 사람이 속한 모임에 초대받게 되고 얼마 지나지 않아 여러분도 그 일원이 된다. 하지만 스페인 사람들은 아마 집으로는 초대하지 않을 것이다. 앞서 살펴보았듯 스페인에서 여흥을 즐기는 장소는 대부분 레스토랑이다. 만약 집으로 초대받는다면 좋은 와인 한 병이나 초콜릿, 작은 케이크를 선물로 준비해 가는 것이 좋다. 다른 유럽 사람들과는 달리 스페인 사람들은 꽃을 그리 좋아하지 않는다. 그들은 여러 사람이 함께 나눌 수 있는 선물을 더 좋아한다.

이미 알고 지내는 스페인 사람들 중에 친구를 만들지 못하겠다면, 다른 방법을 찾으면 된다. 예를 들어 페이스북에 들어가보면 같은 취미와 관심사를 가진 동호회가 많아서 여기에 가입해도 된다. 댄스 수업이나 외국어 서로 가르쳐주기 모임에 등록하는 것도 좋은 생각이다.

스페인어 강좌

말하는 것을 좋아하는 사람들이 사는 나라에 오면 거의 의무적으로 그들의 언어를 배워야 한다. 스페인에서는 요즘 예전에 비해 많은 사람들이 영어를 할 줄 안다. 특히 대도시에 사는 젊은 층은 영어에 능통한 경우도 많다. 하지만 전통적으로 스페인 사람들은 외국어를 잘하는 국민이 아니다. 따라서 여러분이 스페인어를 어느 정도 배우는 편이 좋다. 처음 시작할 때 여행용 기본회화 책과 포켓 사전을 가지고 다니며 활용하는 것도 좋지만, 한동안 스페인에 체류할 계획이거나 스페인을 자주 방문할 생각이라면 스페인어 기본 강좌를 듣는 것도 고려해보기 바란다. 기대 이상의 효과가 있을 것이다. 여러분의 스페인어 실력이 아주 좋지 않더라도, 스페인어로 말하려고 시도하는 것만으로도 스페인 사람들은 높이 평가할 것이 분명하기 때문이다.

인스티투토 세르반테스(www.cervantes.es)는 언어 교육(스페인에는 4개의 공용어가 있다)뿐만 아니라 스페인 문화 홍보 업무를 한다. 스페인을 비롯해서 세계 여러 나라에 설립되어 있다. 이곳은 여러분이 스페인으로 떠나기 전에 스페인에 대해 배우고 필요한 강좌를 수강하기에 안성맞춤이다.

스페인에 도착하면 도시나 마을에 있는 수많은 다양한 어학원 중에 한 곳을 선택할 수 있다. 어학원에서는 여러분에게 적합한 수준의 수업을 배정해줄 것이다. 대개 소규모 학급(학생 수는 4~10명)에서 문법과 회화 수업을 한다. 처음 시작할 때는 집중 코스를 들을 것을 추천한다. 매일 4시간씩 최소 2주간 수업을 받으면 자신감도 생기고 기본 어휘도 쌓을 수 있기 때문이다.

때때로 어학원에서 소풍을 가거나 기타 보충 활동을 하기도 한다. 다른 학생들로부터 현지인을 사귀는 유용한 비법을 얻는 경우도 많다. 어떤 어학원에는 외국어 수업을 듣는 스페인 학생이 있어서 언어 교류를 같이 할 사람을 찾는 광고도 볼 수 있다. 이 경우 여러분은 스페인 학생의 영어나 다른 언어 공부를 도와주고, 스페인 학생은 여러분이 스페인어를 연마하는 데 도움을 줄 수 있다.

다른 언어(바스크어, 카탈루냐어, 갈리시아어)를 사용하는 지방에 가는 경우, 그 지방어로 정중한 표현 몇 가지를 배워서 쓰면 좋은 평가를 받는다. 하지만 여러분이 그 지방에서 오랫동안 살 예정이 아니라면, 여러분이 그 지방 언어를 배우리라 기대하는 사람은 아무도 없을 것이다. 실제로 젊은 세대를 중심으로 현지인들 중에서도 그 지방 언어를 사용하지 않는 사람들이 많다. 스페인 어디를 가든 스페인어를 쓰기 때문에 스페인어를 출발점으로 삼는 편이 일리 있는 선택이다.

외국인 모임

여러분의 본국 대사관이나 영사관에 등록하는 것은 언제나 좋은 생각이다. 그렇게 하면 대사관이나 영사관에서 동포들이 만든 모임과 협회 명부를 여러분에게 줄 수도 있다. 아마 자선 협회부터 스포츠나 인맥 모임 등 매우 다양한 모임이 있을 것이다. 혹시 동포를 멀리하겠다고 결심한 바가 있더라도, 이런 모임을 통해 스페인어 강좌부터 시작해서 의사, 치과, 일꾼을 구할 때 유용한 정보를 얻을 수 있다.

스포츠 모임과 기타 모임

다른 사람과 사귀며 스페인어를 연습하는 좋은 방법 중 하나는 스포츠, 취미, 공통의 관심사를 나누는 모임에 가입하는 것이다. 현지 신문이나, 요즘에는 특히 SNS를 보면 요리부터 댄스, 응급처치에 이르기까지 모든 종류의 강좌 광고를 볼 수 있다. 설령 여러분이 언어에 어려움을 겪고 있더라도, 여러분이 즐거워하고 함께 이야기를 나눌 수 있는 일을 하고 있다면,

다른 사람들과 만나도 쉽게 자신감 있고 편안한 시간을 보낼
수 있을 것이다.

【 스포츠클럽 】

스페인은 다채로운 풍경과 온화한 기후를 지닌 덕분에 거의
모든 스포츠를 즐길 수 있는 곳이다. 도시에는 체육관, 피트니
스센터, 테니스장 등 다양한 운동장과 체육시설이 갖추어져
있다. 대부분의 경우 회원가입비가 있고 연간 또는 월간 회비
를 지불한다. 수영의 경우, 도시에는 시립 수영장과 사설 수영
클럽이 있으며, 관심이 있으면 수영대회에도 참가할 수 있다.
일부 체육관에는 수영장, 사우나, 자쿠지 시설이 있는 곳도 있
다. 뿐만 아니라 스페인에는 특히 남부지방을 중심으로 골프장
이 많다. 사용료는 골프장마다 다르며, 대중에 개방되지 않은
회원제 골프 클럽도 많다.

   겨울이 되면 산에서 스키와 스노보드를 타는 것이 인기다.
여행사에 문의하면 여러 리조트에서 제공하는 스키 클럽 특가
에 관한 정보를 얻을 수 있다. 하지만 일반적으로 겨울 스포츠
는 스페인 문화에 깊이 뿌리내린 것은 아니다. 현재 스페인에
서는 러닝이 매우 인기가 높다.

이웃사촌

여러분이 거주하는 지역에 단골 상점, 바, 레스토랑을 만들어 두면 좋다. 사람들과 얼굴을 익히게 되고 그러다 보면 그들과 스페인어로 대화하면서 연습도 할 수 있다. 스페인 사람들은 보통 그날 먹을 빵을 그날 산다. 이탈리아 사람에게 파스타가 주식이듯, 스페인 사람에게는 빵이 주식이다. 어디를 가든 곳곳에 빵집이 있어서 달콤한 케이크나 맛있는 특산품, 그리고 당연히 스페인 빵을 살 수 있다. 스페인 전통 빵은 프랑스의

바게트와 비슷한데 조금 더 두껍다. 빵집에 가면 바라 데 쿠아르토, 판 데 푸에블로, 판 데 차파타를 달라고 하라. 현지인들이 하는 대로 따라 하면 여러분도 금세 그들처럼 될 것이다.

스페인 사람들은 누구나 자기가 좋아하는 단골 바가 있다. 이곳에서 아침식사를 하기도 하고, 낮에는 커피도 마시며, 주말이나 금요일 퇴근 후에는 코피타(가벼운 술 한잔)를 들기도 한다. 바에서 일하는 직원은 손님과 이야기를 나누는 데 익숙하다. 그러므로 그들에게 정보를 얻는 것도 좋다. 그들의 애향심에 호소하면 관광하기 가장 좋은 곳, 쇼핑하기 가장 좋은 곳을 알아낼 수 있다. 이때 여러분도 여러분의 고국과 전통에 대한 질문을 받을 수 있으니 대답할 수 있도록 미리 준비해놓는 것이 좋다.

영문 간행물

스페인에는 영자신문이나 잡지도 많은데, 지역별로는 다음과 같다.

〈바르셀로나 메트로폴리탄〉(월간지)

〈더 브로드시트〉(월간지, 전국 발행)

〈가이드포스트〉(주간지, 마드리드)

〈마호르카 데일리 불러튼〉(일간지)

〈룩아웃〉(계간지, 코스타 델 솔)

〈아일랜드 커넥션〉(격주 간행물, 카나리아 제도)

〈서 인 잉글리시〉(주간지, 말라가).

05

일상생활

스페인 전역에서는 지중해식 음식을 먹는다. 세상에서 가장 건강한 식단 중 하나로 꼽히는 지중해 식단에는 풍부한 과일, 채소, 생선, 고기, 그리고 두말할 것 없이 올리브 오일이 포함된다. 스페인 사람들은 가능한 한 신선한 농산물로 음식을 만들고, 가공식품은 질이 낮은 것으로 간주한다.

오늘날 스페인 사람들은 대부분 크고 작은 도시에 거주하는데, 주로 마드리드와 해안 도시에 많이 산다. 1953년만 해도 전체 인구의 53%만이 도시에 살았지만, 1980년 현재 도시 인구는 전체의 75%로 증가했다. 이후로 현재까지 이 수치는 거의 변동이 없었다. 하지만 최근 들어 금융위기의 여파로 일부에서는 좀 더 여유 있는 삶을 찾아 귀향하는 사례가 생겼다.

스페인 주거환경

대도시에 사는 스페인 사람은 대부분 아파트(피소) 생활을 하고 있다. 그중에는 스페인 최고급 거리에 위치한 대형 고급 아파트가 있는가 하면, 고층빌딩 밀집지역에 있는 침실 3개짜리 소박한 아파트도 있다. 오래된 빌딩에는 전통적으로 건물 경비원(콘세르헤)이 지상 1층에 상주하면서 경비를 섰지만 지금은 거의 사라지고 없다.

규모가 작은 소도시나 마을에서는 수년 전부터 많은 사람들에게 인기가 있는 주택 스타일이 있다. 바로 1층은 차고로 쓰고 2층과 3층을 주거 공간으로 사용하는 작은 크기의 3층

안달루시아 주택 내부는 안뜰을 중심으로 설계되었다.

짜리 집이다. 이런 집이라고 모두 정원이 딸려 있는 것은 아니지만, 정원이 있으면 수영장도 갖춰져 있는 경우가 많다.

시골에 거주하는 사람들은 주택 생활을 하는데, 주택 스타일은 지역에 따라 큰 차이가 있다. 집을 지을 때 현지에서 나는 돌을 사용하고, 각 지역마다 독특한 스타일이 있기 때문이다. 안달루시아 지방에서는 가운데에 있는 아름다운 안뜰 파티오를 중심으로 흰색 집을 지었는데, 이는 무어족의 이슬람 건축양식의 영향을 받은 것이다.

스페인은 EU 회원국 가운데 별장 소유자가 가장 많은 나라다. 아마도 그 이유는 일자리를 찾아 대도시로 떠난 많은 시골 사람들이 시골에 대대로 살던 집을 팔지 않았기 때문인 듯하다. 도시에 사는 사람들은 주말마다 무리를 지어 도시를 떠나 고향 집(샬레라고 하는 휴가용 빌라)이나 도시 밖에 있는 소형 아파트를 찾는다. 마드리드를 비롯한 대도시 외곽에는 수영장, 테니스장, 스포츠클럽, 슈퍼마켓 등 휴가용 숙소에 필요한 모든 것이 갖추어진 이런 아파트 단지(우르바니사시오네스)가 많다. 많은 가정이 이런 곳에서 여름휴가를 보낸다. 이때 아버지는 도시에 남아 주중에는 일하고 주말이 되면 가족을 만나러 온다. 아니면 휴가용 빌라와 직장을 매일 출퇴근하는 경우도 있다.

과거에는 다른 유럽 국가에 비해 스페인에는 임대용 부동산이 거의 없었다. 이것은 개인의 선택이 아니라 정부 정책 때문이었다. 1936년에 프랑코는 임대를 동결하고, 세입자가 사망할 당시 동거 중인 친척 누구에게라도 임대차 계약을 물려줄 수 있도록 허가했다. 그 후 1980년대가 되어서야 정부는 법을 개정하여 임대인이 물가에 맞게 임대료를 인상할 수 있게 했다. 일부 임차인은 심지어 부동산 가격이 아주 높은 지역에 살면서도 여전히 얼마 되지 않는 집세를 내고 있는 경우도 있다. 과거에 임대인은 기존 세입자와 임대차 계약을 한 번 맺으면 새로 업데이트할 수가 없었다. 그래서 새 임차인을 경계하며 까다롭게 대하고 1년 계약을 고집하기도 했다. 문제를 일으키는 세입자를 퇴거시키기 어렵기 때문이다.

하지만 장기 또는 영구 근로계약이 점차 사라지면서 사람들은 일자리를 찾아 도시에서 도시로 이동하게 되었고, 이에 따라 주거 상황도 달라지고 있다. 그 결과 임대사업이 성황을 이루고 있으며, 단기 또는 중기 임대 계약은 높은 수요 때문에 하늘에 별 따기일 때도 있다. 전체 인구의 1/4이 별장을 소유하고 있기 때문에, 앞으로는 이 중에서 상당 부분이 임대가 가능해졌다. 그래도 높은 주거가격과 임대 물량 부족으로 스페인 사람들은 자신의 아파트를 장만할 때까지 독립하지 않는다(대개의 경우 결혼과 함께 집을 장만한다).

정부에서 보조금을 투입한 주택을 공급하고 저금리 대출을 제공하면서 지원을 했지만, 이런 주택은 대부분 임대용이 아닌 매매용으로 시장에 나온다. 그런데 주택 가격은 결코 싸지 않기 때문에, 계속해서 임대할 수밖에 없는 극빈층은 결국 주택시장에서 완전히 소외되었다.

집안일

스페인 문화는 전통적으로 남성이 지배했다. 남성은 경제적으로 가정을 책임졌고, 여성은 집안일과 자녀 양육을 담당했다. 일부 시골 지역이나 전통적인 가족 문화를 유지하는 가정에서는 여전히 달라진 것이 없을지도 모른다. 하지만 이제는 스페인 남성과 여성에게 이런 식으로 성별에 따른 역할 분담을 요구하는 것은 타당치 않아 보인다. 오늘날의 현실은 예전보다 훨씬 더 복잡하다. 여성도 직업 세계에 진출하면서 가사나 임금, 정치, 고위 관리직 등 모든 영역에서 성평등의 확대를 추구하게 되었다. 하지만 완전한 평등은 아직 이루어지지 않았으며, 조사 결과를 봐도 직장에 다니건 다니지 않건 여성은 여전히 남성보다 가사노동에 더 많은 시간을 쏟는 것으로 확인된다.

스페인 여성들은 집안 가꾸기에 진심인 편이다. 많은 아파트가 외관상으로는 방치된 듯 보여도, 실내로 들어가면 눈부시게 아름답게 꾸며져 있다. 아이들도 집안일을 거들도록 교육받고 있지만, 일부 가정에서는 여전히 아들은 면제 대상인 경우도 있다. 이것 역시 가치관과 관습의 문제다. 어떤 남성들은 집안일을 돕거나 여성과 어느 정도 동등하게 가사를 분담하기도 하지만, 여전히 주된 일은 여성의 몫이다. 카탈루냐에서는 'fer dissabte(토요일에 할 일)'이라고들 하는데, 비교적 시간 여유가 있는 토요일에 하는 대청소를 일컫는 말이다.

스페인 전역에서는 지중해식 음식을 먹는다. 세상에서 가장 건강한 식단 중 하나로 꼽히는 지중해 식단에는 풍부한 과일, 채소, 생선, 고기, 그리고 두말할 것 없이 올리브 오일이 포함된다. 지역별로 어떤 재료를 구할 수 있느냐에 따라 식단의 내용은 달라진다. 스페인 사람들은 가능한 한 신선한 농산물로 음식을 만들고, 가공식품은 질이 낮은 것으로 간주한다. 스페인 아파트에서는 이른 아침부터 복잡한 요리를 준비하느라 음식 냄새가 진동한다.

전통적으로 어머니들은 식사 때 테이블 주위를 돌면서 한 코스가 끝나면 접시를 치우고 다음 코스를 내왔고, 그러다 짬이 날 때 식사를 했다. 그러나 점차 많은 여성이 직장에서 일을 하게 되고, 도움을 줄 수 있는 할머니가 근처에 사는 경우가 줄어들면서 상황은 달라지고 있다. 사람들은 사전준비 없이 요리를 하지만, 필요한 경우에는 전날 저녁에 요리를 시작해서 다음 날에 끝마친다. 하지만 그렇게 되면 일거리가 아주 많아지기 때문에 지금은 직장 여성 대부분이 가능한 한 부엌

신선한 허브, 토마토, 마늘, 올리브 오일은 스페인 요리의 표준 재료다.

에서 보내는 시간을 줄이고 있다.

　이렇듯 건강한 전통 식단과 다채로운 미식이 풍부한 스페인이지만, 국민들은 체중 문제로 고민하고 있다. 최근 들어 스페인이 유럽에서 비만지수가 가장 높은 국가 중 하나가 된 것이다. 패스트푸드와 스낵을 좋아하는 젊은이들의 취향이 이런 결과를 낳는 데 영향을 미쳤을 법하다. 이에 따라 현재 다이어트 센터와 피트니스 센터가 성업 중이다.

일상생활 속 쇼핑

스페인에서 소규모 상점은 대부분 오전 9시부터 오후 1시 또는 2시까지 영업을 한 뒤 시에스타를 위해 문을 닫는다. 그 뒤 오후 5시에 다시 영업을 시작해서 8시에 문을 닫는다. 대형 매장의 경우, 특히 대도시에서는 중간에 휴점하는 시간 없이 하루 종일 영업을 한다. 일부 도시에 있는 상점은 월요일이 휴무인 경우도 있고, 토요일에 반나절만 영업을 하는 경우도 있다.

바르셀로나 시장에 진열되어 있는 이베리코 햄

관광지의 경우에는 상점 영업시간이 다양하다. 해변에서 돌아와 저녁 산책을 나온 사람들을 위해 밤늦게까지 문을 열기도 한다. 일부 상점은 연중무휴 영업을 허가받은 경우도 있다.

스페인에는 여전히 동네 상점에서 매일 장을 보는 사람들이 있다. 이들은 단골 정육점과 빵집을 이용하며, 동네 시장에도 즐겨 찾는 과일과 채소 판매대가 따로 있다. 하지만 스페인 사람들의 장보기 풍경도 이제는 크게 달라졌다. 많은 사람들이 동네 상점 대신 대형 슈퍼마켓을 주로 찾게 되었기 때문이다. 스페인 생선가게에서는 요리 빼고는 생선 손질을 전부 다 해주고, 정육점에서는 고기를 자르고, 껍질을 벗기고, 토막을 내고, 손님의 주문에 따라 손질을 해준다.

규모가 큰 도시라면 어디든지 지붕이 덮여 있는 실내 시장이 있다. 이곳에서는 아주 다양하고 신선한 농산물을 판매한다. 대개 일주일에 한 번은 야외 시장이 서는데, 이때는 식품과 함께 의류, 주방용품도 판매한다. 보통 이런 시장에서 판매하는 상품은 동네 상점보다 가격이 저렴하지 않다. 뿐만 아니라 이런 곳에서는 흥정을 잘해서 좋은 가격에 물건을 사기 힘들 것이다. 여기서 물건 사는 것을 좋아하는 사람들은 아주 심하게 가격을 깎으려 들기 때문에 점원들은 물건 값을 지키

느라 톡톡히 월급 값을 한다. 때때로 집시들이 흥정하는 경우
가 있는데, 그렇더라도 식료품 가격을 가지고 흥정하는 일은
절대 없다. 식료품 가격은 정가제이기 때문이다.

스페인 사람들은 줄을 잘 서지 않는 것이 보통이다. 그래도
신기하게도 상점 주인은 다음 차례가 누구인지 항상 잘 안다.
일부 소형 상점이나 슈퍼마켓에서는 손님이 도착하는 순서에
따라 대기표가 발행된다. 이런 곳에서는 대기표를 뽑아서 기
다린 다음, 자신의 번호가 호명되면 서비스를 받으면 된다.

모든 도시에는 24시간 응급 서비스를 제공하는 약국이 있
다. 대부분의 경우 이런 약국의 내부로는 들어갈 수 없게 되어

있고, 방탄유리로 막혀 있는 특수한 창구에서 약사가 상담을 해준다. 이를 두고 경솔하게 판단하지 말기 바란다. 밤늦게 일해야 한다면 누구든 자신의 안전을 보장받고 싶기 마련이다.

혹시 은행 업무를 봐야 하거나 은행에서 상담을 받고 싶다면, 오후 2시나 3시 이전에 은행에 도착하도록 하라. 일부 은행에서는 이런 관행에 변화가 생기기 시작했지만, 대부분 은행은 이 시간에 대민업무를 종료한다. 게다가 주말은 은행 영업시간이 아니다. 계좌송금에는 영업일 기준으로 2~3일이 소요된다. 따라서 금요일에 송금을 하면 그다음 주 화요일이나 수요일이 되어야 수신자 계좌에 입금될 가능성이 있다. 한 가지 더 덧붙이자면, 대부분 은행에서는 타은행 ATM기에서 출금할 경우 수수료를 부과한다. 그러니 여러분의 주거래 은행이 운영하는 가장 가까운 ATM기를 찾아서 이용하는 것이 이득이다.

일상생활

스페인 사람들은 밤늦게까지 여흥을 즐기더라도 대부분의 경우 다음 날 아침 일찍(오전 7시나 8시) 하루를 시작한다. 거의 모든 사람들이 오전 늦게 샌드위치나 페이스트리를 먹는 것을 좋아하기 때문에 집에서는 아침을 그냥 형식적으로 때우고 나온다. 이런 오전 간식을 알무에르소라고 한다. 대개는 근처에 있는 바에 가서 요기를 하는데, 덕분에 바에서 일하는 웨이터는 이 시간에 한 시간 정도는 정신없이 바쁘게 일한다. 가장 긴 아침식사 또는 알무에르소로는 밀크커피, 크루아상 또는 신선한 토마토와 올리브오일, 소금을 뿌리거나 잼을 곁들인 토스트, 막 짜낸 오렌지주스 한 잔을 먹는다. 이때 먹는 빵은 데 보카디요(바게트와 유사한 빵)나 데 산드위치(미국 스타일의 네모난 흰 빵)다. 아직은 모든 바와 레스토랑에서 마실 수는 없지만, 원한다면 두유나 락토오스 무함유 우유나 저지방 우유를 주문해도 된다. 트렌디한 바일수록 이런 메뉴가 준비되어 있을 확률이 높다.

오후 1시에서 2시 사이에 사람들은 대부분 직장을 나와 집에 가서 2시쯤 점심식사를 한다. 스페인에서는 전통적으로 점심식사 후에는 낮잠(그 유명한 시에스타)을 잔다. 하지만 지금은 대부분 사람들이 출퇴근 거리가 더 멀어졌기 때문에 실제로는 사라지고 없고 주말에만 낮잠을 즐긴다. 이 시간대에 메인 TV

뉴스가 방송되며, 가장 인기 있는 프로그램 일부도 방영된다. 가령 남미에서 수입한 멜로드라마와 스페인 TV 시리즈물이 방영된다.

대부분의 사업체는 근무시간이 저녁 8시에 종료된다. 하지만 상점의 경우는 여기 해당되지 않는다. 퇴근 시간 이후부터 바에는 귀가하기 전에 세르베시타 혹은 카냐(맥주) 한잔을 하러 들른 사람들로 문전성시를 이룬다. 스페인에서 저녁식사는 9시 이후에 먹는다. 저녁은 낮보다는 가볍게 먹고, 가족과 함께 집에서 먹거나 외식을 한다. 스페인 사람들은 종종 자정을 훌쩍 넘긴 시간까지 깨어 있다. 여름이면 집 밖으로 나와서 시원한 밤공기를 즐기며 서로 동네 소식을 주고받는 모습을 쉽게 볼 수 있다. 스페인 사람들은 친화력이 정말로 좋지만, 손님을 선뜻 집으로 초대하지는 않는다. 이들의 사교생활은 집 밖에서 이루어진다. 10대 청소년들조차도 누구네 집 침실보다는 동네 플라사(광장)에서 만나곤 한다.

【 온라인 세대 】

소셜네트워크는 이제 어른들만의 전유물이 아니다. SNS는 아이들의 사회화에도 막대한 영향을 미치고 있다. 아동과 청소년층은 끊임없이 소셜미디어에 연결된 상태에서, 대부분 시간을 이러한 플랫폼을 통해 상호작용한다. 심지어 같이 있으면서도 SNS로 소통하기도 한다. 최근의 연구 결과에 따르면 소셜미디어 사용이 젊은 층의 사회성, 공감 능력, 대인관계 인식 방식에 부정적인 영향을 주는 것으로 나타났다.

페이스북과 같은 몇몇 네트워크는 젊은 사용자들 사이에서 인기가 많이 떨어졌다. 그 빈자리는 인스타그램과 동영상 공유 SNS인 뮤지컬리^{Musical.ly}처럼 사용자들이 언제나 자신의 모습을 보여주고 활동을 공유할 수 있는 플랫폼으로 대체되었다. 이는 자녀의 사생활, 건강, 안전을 염려하는 부모들에게는 심각한 걱정거리다.

교육

스페인 사람들은 교육을 매우 중요하게 생각한다. '예의 바른'이라는 단어를 스페인어로 번역하면 비엔 에두카도^{bien educado}, 즉 '교육을 잘 받은'이 된다는 점에 주목할 필요가 있다. 교육은 출세의 수단이다. 스페인 사람들은 자신의 자녀가 육체노동

보다 더 나은 일을 하고 살아야 한다는 생각을 늘 해왔다. 그래서 부모들 대부분은 자녀가 대학교에 진학하기를 희망한다.

스페인 전체 아동 중 절반에 조금 못 미치는 아동들이 사립학교에 다니고 있다. 현재 사립학교는 거의 모두 국가의 재정지원을 받고 있으며, 특권층만 다니는 이중언어 교육이 이루어지는 학교부터 교사와 교장의 유착관계로 악명이 높은 학교에 이르기까지 다양하다. 공립학교는 더 엄격한 국가의 관리를 받는다. 최근까지만 해도 스페인에는 두 가지 종류의 학교가 있었다. 즉 대학교 진학을 목표로 하는 BUP(바치예라토 우

니피카도 폴리발렌테)와 육체노동 직업을 준비하는 FP(포르마시온 프로페시오날)가 있었다. 하지만 현재는 16세까지 의무교육이라 모든 아동이 한 가지 종류의 학교에 다닌다. 전통적인 사고방식에 변화를 가져오기 위한 시도로 새로운 과목이 도입되었으며(환경문제에 관한 대화, 평화에 대한 연구, 성평등), 외국어 교육을 시작하는 연령이 빨라져서 7세 또는 8세부터 시작한다. 또한 교육의 방점을 아이들의 자신감 형성에 두고 있다. 이렇듯 교육과정에는 새바람이 불었지만 최종 시험은 예나 지금이나 거의 달라진 것이 없다.

6세까지는 의무교육이 아니지만 아이들 대부분은 3세부터 학교에 다닌다. 스페인 아동들이 학교에서 보내는 시간은 매우 길다. 초등학교는 오전 9시에 시작해서 오후 2시에 끝난다. 그런데 발렌시아 지방처럼 일부 지역에서는 예전 일과를 고수하는 곳도 있다. 다시 말해 오후 1시에서 2시까지 쉬는 시간을 가진 다음 3시부터 5시까지 수업을 계속하는 것이다. 하교 후 많은 아이들이 외국어 수업이나 스포츠 교실 등 비교과 활동을 하고 숙제를 한다.

스페인 가정은 대부분 가족이 다함께 모여 저녁식사를 한다. 하지만 자녀가 어릴 경우에는 아이들 먼저 8시쯤 저녁을 먹는다. 어린아이들은 오후 5시에서 7시 사이에 메리엔다(티타임)라고 하는 간식시간을 갖는다. 10대 청소년들은 부모님과 함께 저녁식사를 한 다음, 각자 숙제를 하거나 다른 활동을 한 뒤에 잠자리에도 늦게 든다.

과거에는 많은 학생들이 주경야독, 또는 주독야경을 했다. 또한 대학교에서는 학위과정을 마치는 데 시간 제약을 두지 않았기 때문에 필요한 만큼 오랫동안 대학을 다니는 것이 가능했다. 한동안은 대학교에 진학하려면 자신의 거주지에 있는 대학교에만 진학할 수 있었지만, 지금은 가고 싶은 학교를 선택할 수 있다. 예전보다 교육을 잘 받은 젊은이가 많아진 데다 대학교 정원과 장학금이 부족한 탓에, 지금은 대학 진학 경쟁이 치열하다. 하지만 스페인 출생률이 유럽의 최고였다가 지금은 최저로 뚝 떨어졌기 때문에 이런 상황은 앞으로 달라질 것으로 보인다.

텔레비전

여름이 되면 스페인 사람들은 집 밖에서 많은 시간을 보낸다.

하지만 겨울이 되면 어떤 사람들은 하루 3시간 이상 TV를 시청한다. 어떤 가정에서는 아무도 TV를 보지 않더라도 TV를 계속 켜두고 있기도 한다. 점심 시간과 오전 시간대에는 남미에서 수입한 드라마가 인기가 아주 많다. 하지만 최근 들어서는 스페인 TV 시리즈가 오후와 저녁 시간대를 많이 장악하고 있다. 유명 퀴즈쇼 〈사베르 이 가나르(알면 이긴다)〉는 스페인 공영 TV 채널(TVE)에서 1997년부터 같은 진행자가 진행해오고 있다. 그래서 살면서 변하는 것도 있고 변하지 않는 것도 있다는 의미의 농담으로 이 프로그램을 빗대는 경우가 종종 있다. 최근에는 요리나 노래를 비롯한 여러 재능 경연 프로그램 시리즈나 리얼리티 쇼가 남녀노소를 불문하고 굉장한 인기를 얻고 있다. 실제로 유로비전 송 콘테스트에 출전한 스페인 대표 대부분은 대중의 인기를 한몸에 받았거나 이런 프로그램의 우승자들이었다. 그럼에도 때때로 'la caja tonta(바보상자)'라 불리는 스페인 TV는 넷플릭스나 HBO, 아마존과 같은 디지털 플랫폼의 부상과 함께 인기가 사그라들었다.

국영방송채널은 TVE1과 TVE2, 2개다. 일부 자치주에는 지역어나 방언으로 방송하는 채널도 있다. 하지만 품질 면에서 각기 차이가 난다. 카탈루냐 지방의 2개 채널은 카탈루냐어 방송인 반면, 바스크 지방은 바스크어 채널 1개와 스페인어 채널 1개가 있다. 1989년 이래로 민영방송채널이 생겨났고, 디지털 위성 TV가 도입되면서 크게 증가했다. 이렇듯 방송국 간 경쟁이 치열해지면서 공영 TV의 광고 수입이 감소했다. 2014년 텔레비시온 에스파뇰라(TVE)가 광고 방영을 중단했고, 그 결과 정부 자금 투입이 증가할 수밖에 없게 되었다. TVE 산하에는 라디오방송국과 국립오케스트라, 국립합창단이 있다. 2014년, 공인된 소식통에 따르면, 스페인 사람들의 정치적 견해는 그들이 TV로 접하는 내용에서 큰 영향을 받는 것으로 밝혀졌다. 그 후로 선거 시즌이면 주요 정당 후보들의 TV 토론이 대세로 자리 잡았다. 특히 선거철에는 수많은 정치 성향의 토론과 인터뷰, 대담 프로그램이 방송된다.

하지만 최근에는 소셜미디어가 사람들의 정치적 견해에 더큰 영향력을 행사하는 것으로 나타났다. 이런 현상을 다룬 몇몇 보고서에 따르면, 유권자 가운데 약 30%가 소셜미디어에 영향을 받아 투표권을 행사하는 것으로 추산된다. 이에 따라 정치인들은 당연히 이런 경향을 좇아서 선거 기간에는 매우 적극적으로 SNS 활동을 벌이고, 선거철이 아닌 기간에는 온라인 상에서 적극적으로 존재감을 드러내고 있다. 정치인들은 가짜뉴스 및 정당 득표수와 관련된 잘못된 정보가 미치는 영향도 크게 우려한다. 결국 이제 TV를 대신해 소셜미디어가 정치인뿐만 아니라 일반 대중, 특히 젊은 층 사이의 주된 정보(혹은 잘못된 정보) 채널로 자리매김한 것으로 보인다.

언론

다른 유럽 국가에 비해 스페인 국민의 신문 구독률은 낮은 편이다. 게다가 온라인 신문이 늘어나면서 많은 이들이 종이신문이 사라질 것으로 점치고 있다. 하지만 대부분의 바에서는 고객을 위해 신문을 제공하고 있으며, 그래서 얼마나 많은 사람이 어떤 신문을 얼마나 읽는지 통계를 산출하기가 어려워지는 것 같다. 일반적으로 스페인에는 고급지만 있고 다른 나라의 타블로이드나 황색신문 같은 신문은 없다. 〈AS〉, 〈마르카〉, 〈수페르데포르테〉 같은 일간 스포츠신문은 인기가 매우 높다. 주요 국내 신문은 〈엘 파이스〉, 〈ABC〉, 〈엘 문도〉, 〈라 라손〉, 〈푸블리코〉 등이다.

반면 스페인에는 다양한 분야를 다루는 잡지가 많이 있다.

1944년에 창간된 〈올라!〉는 열독률이 높은 잡지로, 사회 저명인사와 파란둘라(유명인사)의 인터뷰와 사진을 주로 싣는다. 1988년에는 이 잡지의 영문판 〈헬로!〉도 창간되었다. 프랑코 독재체제 이후 과도기 동안 검열이 종식되면서 기존과는 완전히 다른 종류의 잡지가 탄생했다. 존 후퍼는 『새로운 스페인 사람들The New Spaniards』에서 〈인테르비우〉는 "프랑코 치하에서 부정되었던 두 가지를 독자들에게 제공하기 위해 출범했다. 바로 정치와 여성의 나체사진을 아무런 구속 없이 자유롭게 다루었다"고 평가했다. 실제로 이 잡지에는 정치인과의 인터뷰 기사와 함께 곳곳에 선정적인 사진이 실린다. 살인과 사고 현장을 노골적으로 포착한 이 잡지의 사진과 특집기사는 스페인 사람이 아닌 독자들에게는 가히 충격적으로 다가올 수 있다.

어디서든 볼 수 있는 신문가판대에는 광범위한 분야, 즉 역사, 비즈니스, 과학, 자연, 스포츠, 자동차 등 매우 다양한 분야의 잡지와 신문이 전시되어 있다. 스페인 사람들은 신문을 많이 구입하지 않을 수 있지만, 그렇다고 해서 그들이 신문을 읽지 않는다는 의미는 아니다.

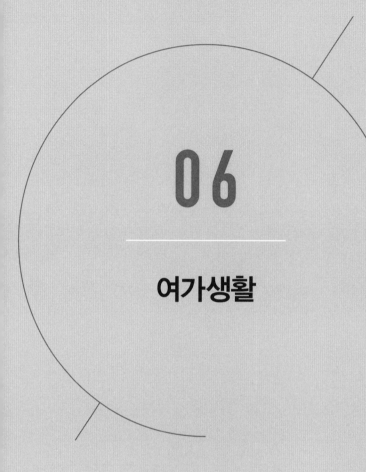

06

여가생활

스페인 사람들의 사교생활은 전설적이다. 그들은 시간적 여유가 있으면 친구나 가족과 함께 보내는데, 대부분의 경우 집보다는 밖으로 더 자주 나간다. 도시에 사는 사람들 중에는 바닷가나 산에 별장이 있는 경우가 많다. 대개 원래 거주지와 같은 지방에 별장을 마련하여 이곳에서 주말이나 공휴일을 보낸다.

스페인 사람들의 사교생활은 전설적이다. 그들은 시간적 여유가 있으면 친구나 가족과 함께 보내는데, 대부분의 경우 집보다는 밖으로 더 자주 나간다. '길거리에서 산다'라는 말이 있을 정도다. 직장 여성과 젊은 부부는 대부분 토요일 오전에는 집안일을 하거나 다음 주를 위해 장을 본다. 특히 자녀가 어린 경우에는 더욱 그렇다.

이밖에도 스페인 사람들이 좋아하는 여가활동은 쇼핑, 가족방문, 운동하기 또는 운동 관람하기, 친구들 만나기 등이다. 일요일에는 흔히 가장 가까운 가족들을 만나서 함께 점심식사를 하며 지낸다.

도시에 사는 사람들 중에는 바닷가나 산에 별장이 있는 경우가 많다. 대개 원래 거주지와 같은 지방에 별장을 마련하여 이곳에서 주말이나 공휴일을 보낸다. 특히 해변과 1년 내내 좋은 날씨를 즐기기를 좋아하는 안달루시아나 카탈루냐, 발렌시아 지방 사람들은 거의 예외가 없다. 따라서 일요일 저녁마다 주요 도시로 돌아오는 도로에는 교통체증이 심하므로 이때는 피하는 것이 좋다.

쇼핑의 즐거움

다른 많은 나라와 마찬가지로 스페인에서도 쇼핑은 꼭 필요한 일인 동시에 사람들에게 인기 있는 여가활동이다. 도시에는 패션 부티크와 쇼핑몰, 스페인 백화점 엘 코르테 잉글레스가 있다. 이런 쇼핑센터는 대개 오전 9시나 10시부터 저녁 9시나 10시까지 영업한다. 일요일에는 지역에 따라 영업하는 곳도 있고 하지 않는 곳도 있다. 어떤 지역에서는 상점들이 일요일 영업을 하는 날이 주로 크리스마스 시즌 즈음해서 1년에 서너 번에 불과한 경우도 있는 반면, 다른 지역에서는 1년 내내 영업하기도 한다. 도시 외곽이나 규모가 작은 소도시에 있는 작은 상점들은 점심시간에 몇 시간 동안 문을 닫는 경우도 있다.

스페인에는 다양한 형태의 메르카도스와 메르카디요스(크고 작은 시장)가 무척 인기가 높아서, 대부분의 도시에는 노천 시장과 실내 시장이 있다. 주말이 되면 다채로운 장식품과 수집품, 공예품을 파는 벼룩시장도 열린다. 이와 같은 길거리 시장 중 가장 유명한 곳은 일요일 오전에 마드리드 중심가에서 열리는 대규모 벼룩시장 라스트로^{rastro}인데, 한 번 구경할 만하다. 다양한 판매대가 있어서 여러분 마음 내키는 대로 이리저리 둘러

마드리드에 어느 바에서 다양한 타파스를 판매하고 있다.

볼 수 있으며, 거리를 따라 걷다 보면 아침식사나 브런치, 점심 식사를 할 수 있는 바를 많이 발견할 수 있다. 발렌시아에는 유럽에서 가장 큰 신선 식품 시장이 있다. 실내 시장인 메르카도 센트랄(중앙시장)은 세계 최초로 판매를 전산화하고 배송 서비스를 실시한 시장이기도 했다.

외식

스페인에서는 식사를 하기 전에 타파나 핀초(바스크 지방에서는 핀트호라고 한다)를 먹으러 가는 관습이 널리 퍼져 있다. 이런 종류의 스낵은 흔히 정식 식사를 작은 크기로 준비한 것이다. 핀초의 경우에는 빵 한 조각 위에 얹어서 제공되며, 이는 특이한 요리를 맛볼 수 있는 아주 좋은 방법이다. 타파의 경우에는 수백 가지에 이르는 다양한 종류가 있다. 그중 대표적인 몇 가지를 소개하자면 부뉴엘로스 데 바칼라오(대구 크로켓), 참피뇨네스 알 아히요(마늘 소스를 뿌린 버섯), 토르티야 데 파타타스(스페인식 감자 오믈렛), 페스카디토 프리토(작은 생선 튀김), 풀포 아 라 가예가(파프리카 소스를 뿌린 문어) 등이다. 스페인 사람들은 바 여러 곳을 찾아다니면서 타파를 맛보고 와인이나 맥주 한잔(카냐)을 즐긴다. 특히 안달루시아 지방에서는 바에 가면 대개 자리에 앉지 않고 서 있으면서 한 곳에서 타파 한두 개 이상은 먹지 않고 자리를 옮긴다. 한편 마드리드에서는 카냐를 주문하면 핀초나 타파 하나를 무료로 제공하는 경우가 많다.

유명한 바 중에는 바닥에 종잇조각과 견과류 껍질이 널려 있어서 오히려 지저분해 보이는 곳도 있다. 이것은 바에 서 있을 때 스페인에서는 타파를 다 먹으면 바닥에 작은 종이냅킨을 던지는 관습이 있기 때문이다. 하지만 스페인 사람들은 이런 행동을 무례하고 배려심이 부족하거나, 바 직원을 무시하는 행동으로 간주하지 않는다. 오히려 바의 바닥이 지저분할수록 손님이 많다는 뜻이기 때문에 그만큼 좋은 곳일 확률이 높다.

관광지에 있는 바에서는 외국인 손님에게 언어가 문제가 되지 않도록 메뉴에 요리 사진이 함께 안내되어 있다. 하지만 일반적으로 이런 곳은 진짜 미식을 맛볼 수 있는 최고의 장소가 못되는데, 대개의 경우 플라토스 콤비나도스(한 접시에 여러 음식이 제공되는 양이 많은 메뉴)가 있다. 사람들은 특히 해변이나 정원에 있는 테라스에서 야외 테이블에 앉아 식사하는 것을 매우 좋아하는데, 다만 이렇게 제일 좋은 자리를 차지하려면 조금 더 가격을 지불해야 할 수도 있다는 점을 명심하기 바란다.

스페인 사람들은 먹는 것을 참 좋아한다. 이들은 낮에 점심을 늦게 먹으며 식사하는 데 시간도 많이 할애한다. 관광지에 있는 레스토랑에서는 외국인들의 식사 습관에 맞게 일찍 문을 열지만, 그 밖의 지역에서는 점심식사 손님이 오후 2시 이전에 오리라 예상하지 않으며, 저녁식사는 밤 9시나 10시 전에는 제공되지 않는다. 모든 레스토랑은 점심과 저녁 시간대 둘다 문을 열고 각각 세 코스 요리를 제공하는 것이 보통이다. 하지만 스페인 사람들은 아마 주말이나 휴가 때를 제외하고는 대개 저녁식사를 점심보다는 가볍게 할 것이다.

스페인은 가족들이 운영하는 작은 바부터 규모가 크고 가격이 비싼 레스토랑에 이르기까지 모든 종류의 식도락을 즐길 수 있는 곳이다. 여러분은 어느 곳을 가든지 맛있는 음식을 맛볼 수 있다. 스페인 사람들은 스페인 음식을 즐기며 자신이 사는 지역의 향토요리에 대해서도 정통하다. 이들은 의례적으로 잘 알려져 있는 레스토랑보다는 상대적으로 덜 알려진 향토음식점을 자주 찾는다. 그래서 여러분도 이런 향토음식을 맛보고 즐기기를 기대할 것이다.

사람들에게 인기가 많은 레스토랑에 가보면 일에 치여 바쁜 웨이터들이 테이블 사이를 뛰어다니는 모습을 보게 될 것이다. 하지만 그렇다고 해서 너무 오래 기다려야 하지는 않을 것이다. 점심시간에는 대개 몇 가지 요리 중 선택해서 두세 코스로 제공되는 저렴한 가격의 메뉴 델 디아(오늘의 세트 메뉴)가 있다. 혹시 좀 더 가격이 높은 아 라 카르트 메뉴 중에서 선택하고 싶다면 카르타를 달라고 하면 된다. 메뉴에 어찌나 다양한 요리가 준비되어 있는지 종종 놀라게 된다.

일요일이 되면 메렌데로스(도로변에 있는 합리적인 가격의 레스토랑)는 대규모 가족 파티 인파로 대개 만원이다. 치린기토스(바닷가에 있는 레스토랑)는 가급적 해변 가까운 곳에 자리 잡고 있다. 음식을 파는 바는 아침 일찍부터 밤늦게까지 문을 연다. 대부분의 음식은 정성이 많이 필요하고 요리할 때 손이 많이 간다.

테이블 위에 빵 접시나 버터가 놓여 있지 않더라도 빵은 항상 제공된다. 빵은 그냥 빵만 나오거나 신선한 토마토를 빵 위에 문질러 함께 나오기도 한다. 또한 관행상 빵과 함께 올리브 오일과 소금을 달라고 한다. 보통 따로 달라고 하지 않으면 스페인 레스토랑에서는 물을 내오지 않는다. 달라고 하면 병으로 준다. 물은 와인 잔보다 큰 물 잔에 따라 마셔야 한다.

음식과 술

스페인 요리는 지역별로 크게 다르다. 지중해 요리와 스페인 북부 해안에 있는 칸타브리아산맥 일대의 요리는 스페인에서 가장 정교한 일류 요리로 간주된다. 흔히 스페인 음식은 아주 맵다고 생각하지만 이것은 사실이 아니다. 일반적으로 가장 매운 식재료는 파프리카다. 스페인에서 가장 널리 먹는 고기는 돼지고기(세르도)이며, 주로 차갑거나 건조시킨 고기(피암브레 또는 엠부티도)로 만들어 먹는다. 반면, 많은 지역에서 특별한 날에 양고기(코르데로)나 크고 부드러운 비프스테이크(솔로미요 또는 엔트레코트 데 테르네라)를 먹는다. 스페인 사람들은 오래전부터 다양하고 많은 생선(페카도)과 해산물(마리스코)을 먹는다. 렌즈 콩(렌테하)과 이집트 콩(가르반소), 흰색과 붉은색 강낭콩(알루비아)을 비롯한 다양한 콩 종류도 스페인 사람들의 식단에서 중요한 부분을 차지한다.

스페인은 각 지방마다 특산품이 있다. 해안 주변은 대개 생선이 특산품이다. 남부의 말라가에서는 작은 생선(대구의 치어 페

요리 중인 해산물 파에야

스카디토, 정어리 사르디나, 멸치 보케론)이 유명하다. 이에 비해 북부 지방에서 나는 해산물은 대단하다. 몇 가지 대표적인 음식만 소개하자면 풀포 아 라 가예가(문어), 산구로(바스크 게), 바칼라오 알 필-필(마늘 소스를 뿌린 대구 튀김) 등이 있다. 스페인에는 다채로운 캐서롤 요리(직역하면 '숟가락 요리'라는 뜻의 기소 또는 라토 데 쿠차라)가 많다. 이런 종류의 요리는 준비하는 데 드는 비용이 적으면서도 배를 채워주는 경우가 많아서 가난한 사람들의 식사라고도 불린다. 발렌시아 지방에는 스페인에서 가장 유명한 요리 중 하나인 파에야가 있다. 사프란으로 맛을 낸 쌀에 야채와 해산물 또는 닭고기와 토끼고기를 넣어 만든 요리다. 발렌시아 사람들은 이 요리에 대해서만큼은 매우 엄격하고 까다롭다. 그래서 레스토랑이나 기리스(관광객을 가리키는 스페인어)가 후추나 초리소, 칠리 등 전통 레시피에 포함되지 않은 이상한 재료를 가미하면 분노하는 경우가 많다. 이들은 '쌀에 아무거나 넣은 것은 파에야가 아니다'라고 주장한다.

내륙지방에서는 고기를 주로 먹는다. 고기와 채소로 만든 전통적인 방식의 스튜로 유명한 지역은 마드리드(코시도 마드릴레뇨), 카탈루냐(에스쿠데야), 안달루시아(포타헤) 지방이다. 고기와 콩, 채소를 넣어 뭉근히 끓여 스튜를 만든 다음 국물, 채소,

고기의 순서에 따라 세 코스로 나누어 먹는다. 스페인 중부지방 특산물은 코르데로(양고기), 코치니요(새끼돼지고기), 하몽(소금에 절인 햄)이다. 카탈루냐 지방에는 굉장히 다양한 차가운 고기와 소시지(부티파라)가 있는데, 남부지방에서 나는 초리소(파프리카 소시지)보다 맵지 않은 맛이다. 그밖에도 토마토와 마늘로 만든 차가운 수프, 즉 그 유명한 가스파초 안달루스와 가스파초 만체고(고기와 채소, 밀가루로 만든 얇은 토르티야를 넣은 캐서롤 요리) 등 수많은 요리가 있다.

스페인 요리에는 마늘과 올리브 오일이 널리 애용된다. 또한 어디를 가든 소금에 절인 햄이 지붕 아래 매달려 있거나 얇게 썰어 내기 위해 바 뒤에서 대기하고 있는 모습을 볼 수 있을 것이다. 이러한 햄이 바로 그 유명한 하몽 세라노 또는 이베리코로, 보통 햄(하몽 데 요르크)보다 귀한 진미 햄이다. 이런 햄은 다양한 등급으로 나뉘며 품질에 따라 가격도 천차만별이다. 하몽 이베리코 데 베요타 또는 데 파타 네그라가 단연 최고의 선택이다.

• 팁 문화 •

스페인 사람들은 팁을 주는 일이 거의 없다. 일부 고급 레스토랑에서는 봉사료로 10~15%를 부과하기도 하지만, 작은 레스토랑과 바는 그렇지 않다. 만약 서비스에 대한 만족도가 특별히 높았다면, 청구서 금액을 반올림해서 지불하거나 거스름돈 중에서 잔돈을 얼마간 남기면 된다. 스페인 사람들은 무척 까다로워서, 웨이터를 불러서 서비스나 음식이 만족스럽지 못하다거나 지난번에 왔을 때보다 못하다는 지적을 스스럼없이 한다. 이들의 기준에서 서비스는 합리적인 범위에서 빨리 제공되어야 하며, 음식은 항상 신선하고 깔끔하게 차려져야 한다. 음식 문제라면 어떤 변명도 용납되지 않는다. 하지만 대도시에서는 관광객들이라면 현지인보다 관대할 것으로 기대하기도 한다.

택시 운전사, 미용사, 이발사와 같은 서비스업 종사자들에게는 계산할 때는 반올림을 해서 얼마간의 동전 정도를 팁으로 남기는 것이 보통이다.

테이블매너

스페인의 테이블매너는 다른 서양 국가와 크게 다르지 않다. 다만 다음 내용은 유념하기 바란다.

- 두 손은 테이블 위 눈에 보이는 곳에 둔다. 한 손을 무릎 위에 두고 한 손으로 식사하면 예의 바르지 않다고 생각한다.
- 음식을 입에 넣었다가 다시 빼고, 이와 동시에 말을 하거나 입을 다물지 않고 음식을 씹는 행동은 무례하다. 따라서 사람들은 빵을 입으로 뜯어 먹기보다 조각을 낸다. 여러분은 손으로 빵을 뜯어 먹으면 된다.
- 새우를 먹을 때는 손가락으로 집어먹어도 괜찮지만, 고급 레스토랑에서는 포크와 나이프를 이용하라고 권하고 싶다.
- 스페인 사람들은 왼손에 포크를, 오른손에 나이프를 드는데, 이 둘을 서로 바꿔 쥐는 일은 없다. 음식은 나이프를 이용해서 포크 쪽으로 민다.
- 식사를 마쳤으면 접시 위에 포크와 나이프를 나란히 둔다.
- 식사를 마친 것이 아니라 잠시 멈춘 것이라면, 접시 위에 포크와 나이프가 삼각형을 이루도록 놓는다.
- 음식이 훌륭했다는 표시를 하려면, 포크와 나이프를 손잡이가 왼쪽으로 향하게 해서 테이블 끝에 평행하게 둔다.
- 음식이 실망스러웠다면, 포크와 나이프를 접시 위로 교차시킨다.
- 사람들은 대개 음료를 마시기 전에 냅킨으로 입을 닦는다.

- 전형적인 건배는 호스트가 자신의 와인 잔을 들어올리며 "살루드!"라고 하는 것이다.

【 스페인의 술 】

가장 유명한 스페인 레드와인(비노 틴토)은 북부지방의 리오하, 리베로 델 두에로, 나바라에서 생산된다. 리오하 와인은 1970년대에 프랑스 포도가 포도뿌리진디에 대량 감염되었을 때 전 세계적으로 유명해졌다. 최고급 화이트와인(비노 블랑코)은 카탈루냐 지방의 루에다와 페네데스, 갈리시아 지방의 리아스 바

이사스에서 생산된다. 스페인 와인에 대해 알게 되면 이보다 덜 알려진 다양한 종류의 와인과 브랜디, 파차란(바스크와 발렌시아 지방), 스파클링 와인 카바(카탈루냐), 셰리주(헤레스)도 알게 될 것이다. 셰리주는 포도주에 알코올을 첨가해서 도수를 높인 것이다. 유형에 따라 옅은 빛의 섬세한 피노부터 만사니야, 아몬티야도, 올로로소를 거쳐 짙고 풍부하며 향이 진한 팔로 코르타도까지 다양하게 분류된다. 안달루시아 사람들이 축제 기간에 그 지방에서 나는 산뜻하고 차가운 피노나 만사니야를 즐기는 모습을 볼 수도 있을 것이다. 이외에도 아스투리아스 지방에는 시드라(사과주)가 있으며, 아구아 데 발렌시아(샴페인이나 카바, 보드카, 진을 베이스로 해서 신선한 오렌지주스 맛을 첨가한 발렌시아 지방 칵테일)와 전국적으로는 상그리아(일종의 와인 펀치) 등이 있다. 스페인에서는 맥주도 생산하지만 대체로 식사할 때는 맥주를 마시지 않는다. 맥주는 바에서 타파와 함께 주문해서 마신다.

식사를 마무리할 때는 추피토 데 리코르 데 이에르바스(허브주 작은 잔으로 한 잔)나 페드로 시메네스 혹은 무스카트(안달루시아와 지중해에서 나는 단맛이 아주 강한 와인 두 종류)를 주문하는 사람이 많다. 하지만 디저트로 커피를 주문하는 경우가 더 흔하다. 아마도 카페 솔로(에스프레소)나 코르타도(밀크 에스프레소) 또는 봉봉^{bombón}(연유를 첨가한 코르타도 커피)을 주로 마실 것이다. 브랜디나 여러분이 원하는 술을 커피에 첨가해서 카라히요를 만들어 마셔보는 것도 좋은 경험이 될 것이다. 간단히 "카라히요데 …(예를 들면 베일리스)"를 달라고 주문하면 된다. 그러고는 "살루드!"라고 하자.

주말이 되면 스페인 젊은이들은 공원과 광장에서 친구들과 만나 술 한잔을 기울인다. 이런 풍습을 보테욘(큰 병을 일컫는 구어)이라고 부른다. 이것은 나이트클럽에서 비싸게 파는 술 대신 저렴하게 술을 마실 수 있는 방법으로, 젊은이들 사이에서 인기가 많다. 이러면서 술에 취하는 경우도 일부 생기기는 하지만 비교적 큰 문제가 되지는 않는다. 스페인 사람들은 품위를 잃는 것을 싫어하기 때문에, 술을 마시더라도 자제력을 잃을 정도로 많이 마시지는 않는다. 아마도 그 정확한 이유는 스페인 사람들 주변에 워낙 술이 많기 때문인 것 같다. 대부분의 가정에는 테이블 위에 늘 와인이 놓여 있으며, 아이들은 어렸을 때부터 (물을 많이 타서 희석시켜서) 와인을 마시기도 한다. 세상일은 변하기도 하지만, 스페인에서는 취하도록 마시는 사람은 여전히 소수에 불과하다.

밤 문화

스페인의 바는 낮 동안 내내 영업을 하고 밤에도 늦게까지 문을 연다. 대부분은 새벽 2시나 3시에 영업을 종료한다. 그런 다음에는 늘 디스코테카(나이트클럽)로 장소를 옮긴다. 많은 클럽은 일정한 시간 전까지는 여성들을 무료로 입장시킨다. 그렇지 않은 경우에는 대개 입장료에 술 한 잔 가격이 포함되어 있으며, 이보다 더 마신다면 술값은 바에서 마시는 것보다 훨씬 더 비싸다. 대체로 디스코테카가 새벽 5시에 영업을 종료하면 사람들은 코코아와 추로스를 먹으러 간 뒤에야 집으로 돌아간다.

이밖에도 여러분이 가볼 만한 곳으로 플라멩코 클럽인 타블라오가 있다. 원래 안달루시아 지방이 플라멩코의 본원지이지만, 이제는 안달루시아 사람들이 전국 곳곳에 다 살고 있어서 그들의 음악과 함께 타블라오도 (비록 본고장을 따라갈 수는 없지만) 스페인 전역에 있다. 히타노(집시)는 여전히 가장 훌륭한 플라멩코 예능인이다. 관광객들은 화려한 광고로 이목을 끄는 플라멩코 쇼에 몰린다. 여기서 주름치마를 입고 캐스터네츠를 손에 든 무용단이 공연을 펼친다. 반면, 현지인들은 아마 이보다 훨씬 규모가 작은 곳을 찾을 것이다. 이런 곳에서 공연하는 아티스트는 나이도 많고, 곡예 같은 솜씨도 덜하고, 겉모습은 좀 떨어지겠지만, 이들에게는 가장 중요한 아르테(타고난 재능)가 있기 때문이다.

문화생활

현지에 있는 관광안내소와 이곳에서 운영하는 웹사이트를 방문하면 관광객을 위한 서비스를 비롯해서 지역 박물관, 갤러리, 기타 명소에 관한 풍부한 정보와 현재 진행 중인 행사에 대한 안내를 자세히 받을 수 있다. 또한 바르셀로나와 마드리드에서는 잡지 〈라 기아 델 오시오〉(레저 가이드-옮긴이)를 참고하면 현재 이들 도시에서 벌어지고 있는 모든 문화행사 정보를 얻을 수 있다. 이보다 규모가 작은 도시에서는 지역 행사 안내를 신문에 실어 알린다.

스페인 사람들 모두가 박물관이나 미술관을 자주 찾는 것은 아니지만 쿨투라(문화)를 소중히 여기는 마음은 하나같다. 그래도 스페인 사람들 대부분은 예술가와 예술사에 관한 기

본 소양을 갖추고 있다. 특히 자국 스페인과 자신이 거주하는 현지 지역과 관련한 예술에 대해서는 더욱 잘 알고 있다.

【박물관과 미술관 】

스페인 박물관과 미술관 목록은 엔터테인먼트 가이드북에도 나와 있다. 주의할 점은 대부분의 경우 월요일이 휴관일이라는 사실이다. 국립박물관은 자국민에게는 무료로 개방되지만, 그중 일부는 일요일에는 모든 입장객에게 입장료를 받지 않는

프랭크 게리가 설계한 빌바오 구겐하임미술관은 획기적인 20세기 건축물의 훌륭한 예시다.

다. 마드리드에 있는 거대한 프라도미술관은 도시의 자랑거리다. 이곳에는 엘 그레코, 고야, 벨라스케스 등 유명 화가의 작품이 전시되어 있다. 이곳과 멀지 않은 곳에는 피카소의 유명한 작품 '게르니카'를 볼 수 있는 라이나 소피아 현대미술관이 있다. 바르셀로나에는 피카소미술관과 호안미로미술관이 있으며, 빌바오에는 신新구겐하임미술관이 있다. 새로 지은 이 미술관의 건물은 구경할 만하다. 주요 국립박물관은 대부분 대도시에 있지만, 작은 소도시에도 지역별 역사와 미술, 공예품, 전통과 관련된 흥미로운 박물관이 많이 있다.

[역사적 건축물과 고대유물]

스페인은 방문할 만한 가치가 있는 사적지로 가득하다. 전국에 로마식민시대에 건설된 기념물 유적지가 수없이 많다. 대표적으로 루고에 있는 도시 성벽, 세고비아와 타라고나의 수도교, 메리다에 있는 극장과 공공건물, 알칸타라와 코르도바의 다리, 이탈리카와 암푸리아스(엠포리온)의 도시 유적지 등이 있다. 이뿐만 아니라 카탈루냐 지방에 있는 우야스트레트에는 이베로족 정착지가 남아 있다. 또한 안달루시아 지방에 있는 무어족 유물 중 대표적인 것은 코르도바의 메스키타(모스크), 그라나다의 알함브라 궁전, 세비야의 알카사르(요새)다. 모든 도시에는 고대의 흔적이 남아 있는 곳이 있지만, 톨레도, 살라망카, 쿠엥카 같은 도시는 거의 모든 건물이 역사적 가치가 있는 것으로 언급될 만하다. 바르셀로나에 있는 포블레 에스파뇰은 작은 도시처럼 야외에 조성된 민속촌과 같은 곳이다. 여러분은 이곳 거리를 거닐면서 스페인 각지를 대표하는 유명한 건물의 복제물을 구경할 수 있다. 카탈루냐의 다양한 건축 양식을 감상한 뒤 바로 모퉁이를 돌면 세비야의 히랄다 모형을 볼 수 있는 식이다.

발렌시아를 찾는 많은 관광객은 특히 '예술과학도시'를 방문하려는 사람들이다. 이곳은 발렌시아 출신으로 세계적으로 유명한 건축가인 산티아고 칼라트라바가 자연에서 영감을 받아 디자인한 최첨단 문화복합단지다.

스페인에서는 성당이나 종교시설에 가면 (다리와 팔을 가리는) 정숙한 옷차림을 하고 경건하게 행동하는 것을 당연히 여긴다.

【 연극, 오페라, 무용, 음악 】

스페인 사람들은 극장에 가는 것을 좋아한다. 그래서 모든 도시에는 극장이 여러 곳 있으며, 많은 소도시에도 현지 극단이 공연하는 소극장이 있다. 도시에서는 오페라와 무용 공연도 관람할 수 있다. 현재 스페인은 국제적인 스타 예술가 대부분이 빼놓지 않고 공연하는 곳이다. 스페인 사람들은 대부분의 문화 행사를 매우 편하게 대하기 때문에 오페라를 제외하고는 관람할 때 정장을 차려입지 않는다.

극장에서는 다양한 연극을 공연한다. 스페인 황금기의 대표적 작가 칼데론 드 라 바르카와 로페 데 베가의 작품부터 〈피의 결혼〉, 〈예르마〉, 〈베르나르다 알바의 집〉 같은 로르카의 20

산티아고 칼라트라바가 설계한 발렌시아의 '예술과학도시' 단지에 있는 여러 눈에 띄는 건물 중 하나다.

세기 드라마, 또는 국제적 히트작인 윌리 러셀의 〈블러드 브러더스〉를 카탈루냐 버전으로 변안한 〈헤르만 데 상〉이나 야스미나 레자의 〈아르테(아트)〉도 연극 무대에 오르고 있다.

스페인은 세계적으로 사랑받는 테너 플라시도 도밍고와 호세 카레라스, 소프라노 몽세라 카바예를 배출하며 세계 성악과 오페라계의 발전에 지속적으로 기여했다. 스페인에 머무는 동안 오페라 공연 소식을 심심치 않게 접할 수 있을 것이다. 또한 요한 스트라우스의 오페레타나 영국 코믹 오페라의 대가 길버트와 설리반의 작품과 유사한 스페인 특유의 '가벼운' 오페라 사르수엘라 공연도 관람할 수 있다.

스페인 무용계에는 발레 에스파뇰(발레와 플라멩코가 혼합된 형태의 무용)과 고전 발레가 있으며, 유명한 무용가로는 빅토르 우야테와 나초 두아토가 대표적이다. 민속춤 플라멩코 역시 세계적으로 유명한 무용가 호아킨 코르테스와 기타 연주가 파코 데 루치아가 있다.

스페인에서 가장 유명한 작곡가로는 엔리케 그라나도스, 이사크 알베니스, 마누엘 데 파야, 호아킨 로드리고가 손꼽힌다. 또한 안드레스 세고비아는 클래식 기타의 아버지로 불리는 음악인이다.

주요 도시에서는 여름철이나 도시의 수호성인축제 기간의 일환으로 연극과 음악 축제가 열린다. 마드리드에서는 국내외 스타 예술가들이 참가하는 페스티벌이 5월에 개최된다. 바르셀로나에서는 7월과 8월에 열리는 '그렉' 축제에 수많은 세계적 스타가 참석한다.

【 대중음악 】

오늘날 세계적으로 가장 널리 알려진 팝스타 중 한 명이 엔리

팝스타 엔리케 이글레시아스

케 이글레시아스(그의 아버지 훌리오 이글레시아스는 이전 세대의 마음을 사로잡은 유명 가수다)다. 스페인에는 많은 뮤지션 그룹이 활동하고 있지만 대외적으로 유명한 그룹은 거의 없다. 주요 팝-록 라디오 방송국인 '로스 40 프린시팔레스'는 주로 10대 청소년을 대상으로 국내외 히트곡을 방송한다.

리얼리티 탤런트 쇼 '오페라시온 트리운포', '라 보스', 'X 팩토르', '투 시 케 발레' 등은 현재 아주 인기가 많은 프로그램이다. 2003년 '오페라시온 트리운포' 결선은 한때 1,500만 시청자들이 방송을 시청하면서 스페인 방송 역사상 최고의 시청률을 기록했을 정도다.

【영화】

물론 영화도 스페인에서 매우 인기가 높다. 상영되는 영화는 대부분 미국 영화이며, 스페인어로 더빙되어 상영되는 경우가 많다. 더빙되지 않은 오리지널 영화를 상영하는 영화관을 사람들이 점점 많이 찾고 있지만, 이런 영화관은 도시에만 있다. 신문을 보면 'v.o.'(베르시온 오리지날)라고 표시되어 있다. 여러분의 스페인어 실력이 뒷받침된다면 스페인 국내영화도 상당히 볼 만하다. 여름이 되면 소도시에서는 플라사(광장)에서 영화를 상영한다. 그래서 해가 지고 어두워지기 시작하면 의자를 들고 광장으로 모여드는 사람들을 볼 수 있을 것이다. 물론 광장에는 어느 정도 앉을 수 있는 좌석이 제공되기는 한다. 영화는 스페인어로 상영되지만 그 멋진 분위기만으로도 충분히 즐겁다.

일반적으로 스페인 영화는 세계 무대에 비교적 낯선 존재다. 하지만 어두운 초현실주의와 무정부주의, 위트로 가득한 루이스 부뉴엘 감독의 영화는 1920년대 말부터 전 세계 영화 팬들을 사로잡았다. 오늘날 유명한 배우는 안토니오 반데라스, 페넬로페 크루즈, 하비에르 바르뎀 등이다. 스페인에서 가장 유명한 감독은 페드로 알모도바르로, 1980년대에 일어난 표현

영화배우 페넬로페 크루즈

의 자유를 추구하는 문화운동 라 모비다 마드릴레냐(마드리드 '무대')의 기수 중 국제적으로 가장 높은 명성을 얻은 인물이다. 이 운동은 프랑코 독재 체제에서 민주주의 체제로 이행되는 기간 중에 일어난 새로운 예술 활동과 분위기를 일컫는 말이다. 그 중심 '무대'는 나이트클럽이었다. 사람들은 이곳에 모여 새로운 젊은 음악 그룹과 다른 예술 분야에 종사하는 사람들과 새벽까지 교류했다. 이를 두고 종종 1960년대 런던의 '스윙잉 식스티스'와 비교하기도 한다.

과거에는 스페인 영화는 섹스, 구식 코미디, 스페인 내전, 노동자계급의 생활을 그리는 등 늘 같은 주제만 다룬다는 말이 있었다. 하지만 최근 들어 스페인 영화산업은 높은 수준의 영화를 생산하면서 성공적으로 관객에게 다시 다가가고 있다.

스페인 영화계의 거물 감독 가운데는 알레한드로 아메나바르, 알렉스 드 라 이글레시아, 페르난도 트루에바, 이시아르 보야인, 비가스 루나, 카를로스 사우라 등이 있다. 이들 중에는 세계적으로 유명한 배우를 주연으로 캐스팅한 영화를 감독한 경우도 있다.

스포츠

스페인 국민을 하나로 만들 수 있는 것이 있다면, 그것은 스포츠다. 몇몇 중요한 팀과 선수를 알아두면 스페인 사람들과 친해지는 데 도움이 될 것이다.

대부분의 유럽 국가가 그렇듯, 스페인에서도 스포츠 중 최고는 바로 축구다. 스페인 사람들은 직접 축구를 하는 것도 좋아하고 축구 경기를 관람하는 것도 좋아한다. 모든 도시와 마을에는 다 축구장이 있지만, 북부 지방만이 잔디구장이라는 사치를 누린다(물론 프로 축구장은 예외다). 스페인 사람들은 축구뿐만 아니라 농구, 테니스, 골프, 파델(테니스와 비슷한 운동으로, 패들 테니스라고도 한다 - 옮긴이)을 비롯한 다른 모든 종류의 스포츠를 즐긴다. 특히 축구처럼 골대가 있지만 공을 발로 차는 대신 손으로 던지는 핸드볼도 인기가 많다. 바스크 지방에는 이곳에서만 즐기는 스포츠가 있다. 스코틀랜드의 '각목 던지기' 게임(크고 무거운 나무 기둥을 가능한 멀리 던지는 경기)과 비슷하며 기운이 세야 할 수 있는 운동이다.

영국으로부터 스페인에 축구가 전파된 것은 19세기 후반의 일이며, 이후 1920년대에 프로 리그가 창설되었다. 그리고 1950년대가 되자 축구는 (18세기 이래 스페인에서 가장 인기 있는, 관중

아틀레티코 마드리드와 UD 알메리아의 경기

동원력이 큰 스포츠였던) 투우를 능가하는 인기를 구가하게 되었다. 스페인 리그 최고 축구 클럽인 레알 마드리드, FC 바르셀로나, 발렌시아 클럽 FC는 국제 대회에서 뛰어난 성적을 거두고 있다. 라 푸리아(열광) 또는 라 로하(첫 유니폼 색상에서 유래한 이름으로 붉은 팀이라는 뜻)라는 애칭으로 불리는 축구 국가대표도 세계 무대에서 좋은 평가를 받고 있다. 2010년 남아공 월드컵 우승의 주인공이 바로 스페인 팀이었다. 한편, 아틀레티코 데 빌바오 팀은 엘 파이스 바스코, 즉 바스크 지방 출신 선수로만 구성된 유일한 팀이라는 자부심을 가지고 있다.

1984년 올림픽에서 스페인 농구 대표팀이 은메달을 획득한 이후, 1980년대 말이 되자 농구의 인기가 축구의 아성을 위협하게 되었다. 인기 있는 프로 리그는 ACB(농구클럽협회) 리그다. 리그 소속 주요 팀으로는 레알 마드리드(수차례 유럽 리그와 유럽컵 우승팀), 바르셀로나 CF, 호벤투트, 에스투디안테스 등이 있다. 이들 팀 모두 외국 출신 선수들도 뛰고 있다.

30년도 훨씬 전에 등장한 테니스 스타 마누엘 산타나와 마누엘 오란테스 덕분에 스페인에서 테니스의 인기는 더욱 높아졌다. 이후 아란차 산체스 비카리오, 콘치타 마르티네스, 알렉스 코레차, 세르지 부르게라 같은 선수는 세계 정상급을 달렸

사이클 챔피언 알레한드로 발베르데

다. 현재 사상 처음으로 그랜드슬램 14회 우승을 달성한 라파엘 나달은 테니스 역사상 가장 위대한 선수 중 한 명으로 평가받고 있다. 이렇듯 테니스의 인기가 높기 때문에 스페인 전역에는 공공 테니스장이 많이 있다.

이밖에도 북부지방을 중심으로 스페인에는 사이클 클럽이 많다. 과거 월드 챔피언 타이틀을 거머쥐었던 스페인 사이클 선수로는 페데리코 마르틴 바아몬테스, 미구엘 인두라인, 아브라암 올라노, 페드로 델가도, 오스카르 프레이레를 비롯해서 무수히 많다. 오늘날에도 최고 기량의 프로 선수들이 이들의 뒤를 이어받아 세계 사이클계를 장악하고 있다. 그중에는 알베르토 콘타도르, 아브라암 올라노, 알레한드로 발베르데, 카를로스 사스트레가 꼽힌다. 사실 스페인은 심한 산악 지형을 지닌 나라이고 대부분의 도시에는 자전거 전용차선도 없지만, 거의 모든 10대 청소년이 자전거 한 대쯤은 갖고 있다.

지금까지 언급한 스포츠 이외의 종목에서 활약하는 '유명 선수'도 많다. 모터사이클 레이싱의 알렉스 크레비예, 마르크 마르케스, 다니 페드로사, 수영의 미레이아 벨몬테, 포뮬러 원 자동차 레이싱의 카를로스 사인스, 로베르토 메르이, 페르난도 알론소, 하키의 폴 아마트와 산티 프레이하, 피겨스케이트의 하비에르 페르난데스 로페스, 체조의 아나 마리아 이수리에타 등이다.

【 도보여행 】

스페인 사람들은 곳곳에 있는 공원과 시골을 적극적으로 활용한다. 유명한 카미노 데 산티아고를 제외하더라도 스페인에는 전국적으로 도보여행 코스가 많다. 스페인 사람들은 주말이 되면 엑스쿠르시오니스타(도보여행자) 클럽 단위나 친구들끼리 무리를 지어서 산이며 자연보호구역을 찾아 멋들어진 경치를 즐긴다. 하이킹을 마치면 대개 식사를 하며 뒤풀이를 한다! 많은 경우 산 정상에 가면 그 지역에서 숭배하는 성인에게 헌정된 작은 예배당 에르미타를 볼 수 있다. 놀라운 장관이 기다리고 있으니 굽이 굽은 길을 용감히 헤쳐 나갈 가치는 충분하다. 적어도 1년에 한 번은 산 정상으로 떠나는 순례 행사가 열리는데, 일종의 마을 소풍이 되어 공동체가 다 함께 파에야 혹은 점심을 같이 한다. 그래서 어떤 에르미타에는 부속시설로 바나 레스토랑이 있는 곳도 있다.

하지만 국가 차원에서 보면 스페인은 자국의 자연을 보호하는 면에서는 그리 좋은 성적표를 가지고 있지 못하다. 매년 여름마다 스페인에서는 산불이 많이 발생한다. 많은 경우 고온과 관리 부족이 원인이며, 방화범에 의해 화재가 일어나기도 한다. 스페인은 유럽 국가 가운데 환경보호 관련 법규를 가장 많이 위반하는 불명예스러운 기록을 보유하고 있다.

복권과 도박

스페인은 도박의 나라다. 아마 그 이유는 스페인 사람들이 워낙 스릴과 위험을 즐기기 때문인지도 모른다. 이런 성향은 투우부터 운전에 이르기까지 모든 면에서 일관되게 나타난다. 반면 단순히 쉽게 돈을 벌고 싶다는 바람도 스페인 사람들이 도박을 좋아하는 이유로 볼 수 있다. 이유가 어찌 되었건, 다른 어느 나라보다도 스페인에는 복권 종류가 많으며 당첨금 규모도 크다.

　가장 오래된 복권인 라 로테리아 나시오날은 1812년부터 운영되고 있다. 이 복권은 연간 수입의 절반을 2회에 걸친 크리스마스 복권에서 거둔다. 바로 크리스마스 직전의 엘 고르도(거액 복권)와 로스 레예스 마고스(동방박사)가 선물을 가져오기 전날인 1월 5일에 발표하는 엘니뇨(아기예수)다. 두 복권에 가장 많은 당첨금이 걸려 있다. 1991년에는 두 복권의 매출액(15억 4,200만 달러)이 스페인 성인 1인당 평균 50달러를 지출한 셈이 되었을 정도다. 이때가 되면 거의 모든 사람이 복권을 사며, 많은 이들은 명당으로 소문난 푸에스토(가판대)에서 복권을 구입하느라 몇 시간이고 줄을 서서 기다리기도 한다. 당첨 번호는 국영 TV 방송에서 몇 시간 동안 그레고리안 성가 스타일 노래로 불러서 방송된다. 따라서 12월 23일에는 어디를 가든지 이 노랫소리를 듣게 된다.

이외에도 스페인에는 전국 단위나 지역 단위 복권이 여러 가지 있다. 전국 어느 곳을 가도 볼 수 있는 ONCE 가판대는 국립시각장애인기구 소유다. 이 복권은 1938년 프랑코 정부가 시각장애인에게 일자리를 제공하기 위해 만든 것으로 면세 대상이었다. 당시에 시각장애인 복권판매원들이 길모퉁이에 서서 복권을 판매했다. 1950년 ONCE는 회원들을 위한 복지시스템을 제공할 수 있게 되었으며, 새로운 경영진에 의해 더 많은 능률과 성공을 거둘 수 있었다. 오늘날 이 기구는 거대한 금융제국으로 성장했다.

스페인 사람들은 복권 외에도 대단히 많은 돈을 슬롯머신에 쓴다. 스페인에 있는 바에 가면 어디든지 한쪽에서 슬롯머신이 삑삑 소리를 내는 것을 들을 수 있다. 1991년에는 슬롯머신이 창출한 매출액이 복권 매출액을 압도적으로 앞선 바도 있다(20억 달러를 상회함). 스페인 사람들은 빙고 게임에도 열심이지만, 이 게임은 매우 엄격하게 관리되고 있다. 즉 빙고는 카지노에서만 즐길 수 있으며 카지노를 출입하려면 신분증을 먼저 발급받아야 한다.

07

여행 이모저모

스페인 도로에서 운전대를 잡으면 목적지에 갈 때 어떻게 가야 하는지 잘 알고 자신감 있게 운전해야 한다. 잠시라도 주저하는 기세가 보이면 즉각 사방에서 경적이 울리고 빨리 가라는 신호가 날아오기 때문이다.

항공여행

스페인에는 AENA(스페인 공항공사)가 운영하는 국제공항이 많이 있다. 마드리드(바라하스)와 바르셀로나(엘프라트)의 주요 공항 외에도, 코스타 블랑카에 있는 엘체-알리칸테 공항과 발레아레스제도와 카나리아 제도에 있는 공항처럼 지중해 연안의 관광리조트를 연결하는 규모가 작은 공항도 있다. 국적항공사인 이베리아항공(과 자회사인 부엘링항공과 노스트룸항공)은 국내선 항공망을 운영한다. 마드리드와 바르셀로나를 연결하는 푸엔토 아에레오(에어 브리지)는 가장 중요한 국내선 항로다. 하지만 최근 몇 년 들어서 고속열차에 추월당하고 있다. 바라하스 공항은 연간 2,700만 명 이상의 승객을 수용하며, 엘프라트 공항은 3,700만 명 이상의 승객을 수용하고 있다.

도로여행

스페인 사람들은 자동차를 빠르고 공격적으로 운전하며 인내심이 부족하다. 그러므로 항상 경계를 게을리하지 말고 사이드미러와 방향지시등을 잘 활용해야 한다. 스페인 도로에서 운전대를 잡으면 목적지에 갈 때 어떻게 가야 하는지 잘 알고 자신감 있게 운전해야 한다. 잠시라도 주저하는 기세가 보이면 즉각 사방에서 경적이 울리고 빨리 가라는 신호가 날아오기 때문이다.

잘 만든 지도나 GPS 내비게이션을 구입하고 집을 나서기 전에 가는 길을 사전에 잘 숙지하기 바란다. 어떤 도시에 가면 현지 언어로 지명을 표기하는 경우도 있다. 가령, 바스크 지방에서는 산 세바스티안을 도노스티아로, 비토리아를 가스테이스로 부르기 때문에 혼동이 생길 수 있다.

【 법적 요건 】

스페인에서 자동차를 운전하려면 차 안에 운전자의 여권이나 기타 신분증, 유효기간이 만료되지 않은 운전면허증과 보험증서, 자동차 등록증을 지니고 다녀야 한다. 또한 붉은색 삼각형 경고판, 야광 조끼, 구급상자, 소화기, 예비용 전등 한 세트도 있어야 한다. 스페인 사람들은 비상상황에 대비해서 담요와 겨울에는 부동액도 준비해둔다.

전 좌석 안전벨트 착용은 의무사항이다.

스페인 경찰은 다른 경우보다 교통법규 위반에 대해 엄격하다. 현지 거주민이 아닌 경우에는 즉결 벌금이 의무적으로 부과된다. 다른 벌금은 위반 정도와 경관의 의견에 따라 산정이 된다.

과속 탐지기를 유의하라. 2015년까지는 속도위반 운전자를 급습하기 위해 탐지기를 숨겨두었지만, 지금은 탐지기 설치 위치를 정확히 확인하는 것이 가능해졌다. 그렇더라도 주요 지점과 특별한 날에는 이동식 단속기계를 설치하는 경우가 많다.

음주운전 처벌 기준은 혈중 알코올 농도 0.05% 이상이다(혈액 1리터당 0.5그램이며 공기 1리터당 0.25밀리그램). 음주단속은 스페인 전역에서 자주 실시된다. 운전할 때는 제한속도가 얼마인지 확인하도록 한다. 곳곳에 속도위반 단속구간이 많다.

운전 중 휴대전화 사용은 불법이다. 하지만 비상연락을 해야 한다면 갓길에 차를 세우거나 핸즈프리로 전화할 수 있다. 운전자는 차량 전원공급 장치에 맞는 핸즈프리 키트를 이용해서 이어폰을 연결하지 않은 상태로 통화해야 한다. 이 규정을 위반할 경우에는 최고 300유로의 벌금이 부과된다.

【도로】

스페인에는 빠르고 현대적인 고속도로부터 좁은 시골길에 이르기까지 모든 종류의 도로가 있다.

- A 또는 E로 표시하는 아우토피스타(고속도로)는 통행료가 부과되는 경우가 많다. 제한 속도는 시속 120km다.
- 아우토비아(분리된 자동차전용도로 혹은 중앙분리대가 설치된 도로)는 종종 중앙분리대만 있는 경우도 있고 아니면 넓은 안전지대를 두는 경우도 있다. 제한속도는 시속 100km다.
- N이나 CN으로 표시하는 카레테라 나시오날(간선도로)의 제한속도는 갓길이 있을 경우에는 시속 100km이며, 없을 경우에는 시속 90km다.
- C로 표시하는 카레테라 코마르칼(시골 국도)의 제한속도는 시속 90km다.
- 카레테라 로칼(지방도로)의 제한속도는 시속 90km다.
- 시내 도로 제한속도는 시속 50km다.

【유료도로】

이런 도로는 대략 40km 간격으로 휴게소가 있는 일급 도로다.

통행료는 비싼 편인데, 대개 이동한 거리에 따라 요금이 부과된다. 유료도로를 벗어날 때 요금을 지불하는데, 요금을 산출하기 위해 때때로 도로에 진입할 때 티켓을 받고 진출할 때 반납한다. 요금소에 다다르면 여러 개의 차선이 구분되어 있다. 텔레파고 차선은 하이패스처럼 특수 칩을 장착한 차량 전용 차선이다. 아우토마티코 차선은 신용카드로 지불하거나 거스름돈을 받을 필요 없이 요금을 정확히 지불할 때 이용하는 차선이다. 마누알은 요금을 받고 거슬러줄 요금원이 있는 차선이다. 요금소에서 이용 가능한 차선은 녹색 화살표로 표시되어 있다(적색 X 표시 차선은 이용하면 안 된다).

【 주차 】

인도에 노란색으로 칠해져 있거나, 분명하게 '주차금지' 표지판이 있는 곳에는 주차할 수 없는 것이 일반적인 규칙이다. 주요 도시에서는 무료 주차장을 찾기가 힘들다. 파란색, 초록색, 오렌지색으로 표시된 주차공간에는 대체로 2시간까지 주차할 수 있으며, 기계나 주차요원에게서 주차권을 구매해야 한다. 가능하면 보안 관리가 되는 지하주차장을 찾아보기 바란다. 조금 더 요금을 지불하더라도 그만한 가치가 있다.

• 도로교통규칙 •

- 운전은 우측통행으로 한다. 오른쪽에서 진입하는 차량에 양보해야 하는데, 로터리에서는 특히 더 유의해야 한다.

- 도로 중간에 실선이 있으면 좌회전하지 말라. 이는 빠른 속도로 달리는 도로에서 사고가 나는 주요 원인이다. 오른편을 보면 캄비오 데 센티도라고 표시된 별도의 차선이 있을 것이다. 이 차선을 따라가면 옆길로 빠진 다음 다시 원래의 주요 도로를 건너게 된다.

- 신호등은 항상 길가에만 세워져 있는 것은 아니다. 때때로 자동차들 위로 공중에 높이 매달려 있기도 해서 햇빛이 비치면 잘 보이지 않을 수도 있다. 혹시 신호등이 초록색으로 바뀌었는데도 여러분이 1초 이상 지체했다면, 뒤에서 빵빵거리는 소리가 들릴 것이라 생각해야 한다.

- 보행자가 길을 횡단할 때 조심하라(특히 보행자가 되어 길을 건널 때는 더욱 조심해야 한다). 보행자에게 우선권을 주고 길을 양보하지 않기 때문이다. 차도로 발을 내디디기 전에 항상 조심하라. 자동차가 속도를 줄이지 않을 때도 있다.

- 헤드라이트를 깜빡이는 행동은 여러 의미로 해석될 수 있다. 반대 방향에서 다가오던 차가 깜빡이면 '경찰이 앞에 있음'이라는 의미이며, 뒤에서 깜빡인다면 '비켜, 너무 천천히 차를 몰잖아'라는 뜻이다. 또는 '헤드라이트 끄는 것

을 잊었음'이라는 의미를 지닐 때도 있다. 스페인 사람들은 경적을 울리는 것과 마찬가지로 헤드라이트를 깜빡이는 행동도 자주 한다.

- 스페인 사람들은 그들의 기질에 걸맞게 교통규칙을 조금씩 어기는 일이 잦다. 방향지시등을 켜지 않고 방향을 바꾸었다고 너무 놀라지 말라. 사람들은 아무데서나 정차하고 제한속도는 무시된다. 다만 이런 모습을 따라 하지 말기 바란다.

하지만 지내다 보면 스페인 사람들이 횡단보도건 인도건 아무 곳이나 마음대로 주차하는 모습을 자주 보게 될 것이다. 절대 따라하지 마시라.

주차위반 범칙금은 도시마다 다르다. 만약 여러분이 불법주차를 했는데 더군다나 그것이 외국차라면, 현지 견인차인 그루아가 와서 견인해갈 것이 거의 확실하다. 이렇게 견인된 차량을 되찾으려면 상당히 번거로운 데다 비용도 매우 많이 든다.

철도여행

RENFE(레드 나시오날 데 페로카릴레스 에스파뇰레스), 즉 스페인 국영 철도망은 스페인에 있는 거의 1만 5,000km에 달하는 철도 대부분을 운영한다. 철도운임은 유럽에서 가장 싼 편에 속하지만, 많은 열차가 느리고 불편하며 에어컨 시설도 갖추고 있지 않다.

중·장거리여행을 한다면, 인터시티(IC)나 유로메드, 알비아, TALGO를 선택하면 좋다. 이들은 빠르고 안락하며 효율적이기 때문이다. 그런데 TALGO로 갈 경우에는 운이 나쁘면 아주 불편한 구식 열차를 타게 될 수도 있다. 이와 같은 열차에는 항상 카페테리아(작은 카페/바)가 있지만, 맛은 썩 좋지 않은데 가격은 비싸다.

AVE(알타 벨로시다드 에스파냐, '스페인 고속열차') 노선에는 마드리드를 세비야, 말라가, 바르셀로나, 발렌시아, 알리칸테, 우에스카, 제로나와 연결하는 중·장거리 노선이 있다. 덕분에 이제는 중간 정차역 때문에 7시간 걸리던 마드리드–말라가 구간을 불과 2시간 남짓만에 갈 수 있다.

약 3,100km 길이의 스페인 고속철도 AVE

그런데 열차가 좋을수록 요금은 비싸기 마련이다. 열차를 자주 이용하거나 학생인 경우에는 요금할인 혜택이 있으므로 가능한 다양한 옵션을 잘 확인하기 바란다. 규모가 큰 역에는 모두 안내센터가 있다. 열차표 예매는 공인 여행사를 통해서도 할 수 있는데, 소정의 수수료를 지불해야 하지만 대체로 도움이 되고 편하다. 장거리여행을 해야 하는 경우에는 반드시 미리 좌석을 예약하기 바란다.

【 협궤열차 】

북부지방을 비롯해서 스페인 일부 지역에서는 지금도 협궤열차가 운행되고 있으며 이를 담당하는 철도회사들도 있다. 이 가운데는 일반 국내 노선으로 사용되는 열차도 있지만, 오직 관광객만 이용하는 열차도 있다. 대표적인 사례가 코스타 블랑카 연안에 있는 알리칸테에서 데니아로 운행되는 FEVE(페로카릴 데 비아 에스트레샤, 협궤철도노선)다. 신선한 농산물을 알리칸테로 운송하기 위해 1914년에 건설된 93km 구간의 이 노선은 형형색색의 어촌, 깊은 협곡, 집집마다 회반죽을 칠해서 새하얀 알테아 마을을 지난다.

이밖에도 관광객들이 선택할 수 있는 다른 옵션들이 많다. 일부 증기열차의 경우 복원되어 다시 사용되기도 한다. 그중 하나가 마드리드를 떠나 아란후에스에 있는 궁전에 도달하는 트렌 데 라 프레사(딸기 열차)다. 이 같은 이름이 붙여진 이유는 과거에 신선한 딸기를 수도로 보내는 데 이 노선이 사용되었기 때문이다. 전통은 오늘날까지 이어져서, 열차를 탄 승객들에게 신선한 딸기를 제공하고 있다.

혹시 궁극의 열차여행을 경험하고 싶다면, 1920년대에 만들어진 호화 특급열차 여행을 떠나보기 바란다. 트란스칸타브리코는 산 세바스티안에서 산티아고 데 콤포스텔라까지 스페인 북부 해안을 따라 8일간의 일정으로 달린다. 객차 4개로 이루어진 이 열차 안에는 DJ가 있는 바도 갖추어져 있다. 밤이 되면 열차는 기차역에 정차하여 승객들이 숙면을 취하게 배려한다.

남부지방에서 운행되는 알 안달루스 익스프레스는 12개 객차로 구성된 움직이는 호텔로, 안달루시아 지방에 있는 무어 족 유적지 모두를 둘러보는 노선을 달린다. 이 열차에는 호화 레스토랑 2개, 바, 라운지, 게임 객차가 있다.

앞서 소개한 노선 외에도 스페인에는 열차로 갈 수 있는 흥미로운 관광노선이 많다. 더 많은 정보를 원한다면 책 맨 뒤에 있는 부록인 '유용한 웹사이트'를 참조하기 바란다.

도시 간 광역 버스

스페인 전역에는 버스를 잘 관리유지하면서도 저렴한 요금을 받는 훌륭한 민영 고속버스회사가 많다. 흔히 이런 버스는 기차보다 목적지까지 직행하는 경우가 많으며, 일부는 '익스프레스' 서비스를 제공한다. 그렇다고 버스로 이동하는 것이 더 빠르다는 의미는 아니지만, 더 안락한 것은 틀림없다. 대부분의 도시에는 버스터미널(에스타시온 데 아우토부스)이 있다. 버스표는 터미널이나 여행사, 온라인에서 구매 가능하며, 때때로 버스 운전기사에게서 직접 구입할 수도 있다. 하지만 출발 전에 미리 예매하기를 추천한다. 특히 주말이나 공휴일을 앞둔 경우에는 더욱 그렇다. 장거리 여행일 때는 대체로 잠시 휴게소에서 정차하는 시간이 있는데, 이때 출발 시간에 맞춰서 늦지 않게 버스로 돌아오도록 주의해야 한다. 늦은 승객을 끝까지 기다리지 않고 출발해버릴 수도 있기 때문이다.

시내교통

마드리드, 바르셀로나, 발렌시아에는 시내에서 운행되는 버스, 지하철, 지역 철도망이 갖추어져 있다. 그중 가장 빠르고 효율적인 교통수단은 지하철이지만, 발렌시아에서는 버스 서비스가 효율적으로 운영되고 있다. 또한 발렌시아는 상대적으로 규모가 작은 도시이기 때문에 도시를 가로지르는 데 최대 45분

대부분 대도시에는 지하철 시스템이 있으며, 빨간색 흰색으로 된 'Metro' 표시와
그 아래에 역 이름이 표기되어 식별된다.

이면 충분하다.

【 지하철 】

마드리드에는 13개 지하철(지하 철도 시스템) 노선이 있다. 13개
노선은 숫자로 표시되며 지도상에는 색상으로 구별해놓고 있
다. 지하철 운행시간은 아침 6시부터 새벽 1시 30분까지다. 지
하철 표는 모든 역에서 발매기나 매표소에서 구입할 수 있다.
여러 차례 이동할 경우에는 지하철이나 버스를 10회 이용할
수 있는 메트로버스 티켓을 구입하면 좋다.

바르셀로나에서 지하철 운행시간은 일요일부터 목요일까지는 아침 5시에서 자정까지, 금요일과 토요일, 지역 공휴일 전날에는 아침 5시부터 새벽 2시까지다. 티켓은 1회용 또는 복수 승차용 모두 구입 가능하다. 관광객용 티켓으로는 3일 또는 5일 무제한 사용권도 있고, 다양한 종류의 교통수단을 무제한으로 이용하고 공항으로 돌아가는 티켓까지 포함되어 있는 공항버스＋버스＋지하철 복합권이 있다. 다양한 옵션에 대한 자세한 정보를 원한다면 안내소에서 확인하기 바란다.

【버스】

버스 운행시간은 매일 아침 6시 30분부터 밤 11시 30분까지이며, 운행 간격은 대부분의 노선에서 10~15분이다. 버스 정류장에는 대부분 버스 대기 시간을 알려주는 전자 표지판이 있다.

자정 이후에는 심야버스가 운행된다. 마드리드에서는 이를 부오(올빼미버스)라고 부르며 바르셀로나에서는 니트부스(심야버스)라고 한다. 일요일과 공휴일에 운행되는 버스는 거의 없다.

버스 정류장에는 유용한 노선도가 있다. 버스를 타려면 손을 들어 신호를 보내라. 요금은 노선에 무관하게 기본요금 한 가지만 있다. 버스표는 일단 버스를 탄 다음 살 수 있다(따라서 많은 시내버스가 거스름돈 없이 정확한 금액만 요금으로 받는다). 또는 버스나 지하철을 10회 이용할 수 있는 메트로버스 티켓을 살 수도 있다. 버스표는 버스 안내소인 에스탄코(담배가게)와 신문 가판대에서도 구입할 수 있다.

【 웹사이트 및 스마트폰 앱 】

교통과 관련한 유용한 웹사이트 정보는 이 책 맨 뒤 부록에 정리되어 있다. 많은 스페인 도시에서는 버스노선도와 열차노선도가 포함되어 있는 스마트폰용 대중교통 앱을 제공한다.

【 택시 】

스페인에는 택시 부족 현상이 없다. 또한 다른 유럽 나라에 비해 택시비 부담이 매우 적다. 도시마다 택시 차량색은 다르지만(마드리드와 발렌시아 택시는 흰색, 바르셀로나 택시는 검은색과 노란색), 이용 가능한 빈 차일 경우에는 공통적으로 지붕 위에 녹색 불빛 표식이 들어온다. 택시를 잡을 때는 승강장을 이용하거나 그냥 길에서 지나던 택시를 세우면 된다. 이외에도 바르셀로나에는 여성 택시기사가 운전하고 여성 승객만 탑승시키는 민간

택시회사도 있다. 이 택시는 차량 색상이 핑크라서 쉽게 알아볼 수 있다. 택시에는 미터기가 장착되어 있다. 하지만 심야시간대나 주말, 또는 승객이 짐이 있으면 별도의 요금이 추가적으로 부과된다. 만약 공항이나 기차역에서 택시를 타거나 목적지가 공항이나 기차역이라면, 약 5~6유로가 기본료로 먼저 부과된다. 혹시 장거리 여행을 갈 때 택시를 타게 된다면, 출발 전에 미리 대략적인 요금이 얼마인지 문의하고 요금에 합의하도록 한다. 팁으로는 대개 요금의 10%를 내거나 요금을 반올림해서 나머지를 팁으로 준다.

숙박시설

관광은 스페인에 엄청난 부를 안겨주었지만, 동시에 지중해 연안의 풍광을 망치기도 했다. 1960년대와 1970년대에 전체적인 디자인에 대해 심도 있는 고민을 하지 않은 채 이곳에 고층 호텔과 아파트 단지를 우후죽순으로 지었기 때문이다. 일반적으로 해안 리조트나 내륙이나 숙소가 부족한 경우는 없다. 모든 대규모 도시에는 호화로운 일급호텔부터 저렴하고 쾌적한 오스탈에 이르기까지 숙박할 곳이 많다. 현지 관광안내소에 가면 이용 가능한 숙소 목록이 있다. 늘 그렇듯 사전에 미리 예약을 해두는 것이 좋다. 특히 어느 도시를 방문하는 시기가 축제 기간과 겹칠 경우에는 더욱 그렇다.

【 호텔 】

스페인에 있는 호텔은 유럽 표준에 부합한다. 또한 제공되는 편의시설에 따라 5성급부터 그 아래로 다양하다. 다양한 모양과 규모를 지닌 호텔들 중 일부는 전통적인 스타일이며 일부는 드러내놓고 현대적이다.

스페인에 있는 독특한 스타일의 호텔이 바로 파라도르[parador]다. 1920년대에 정부가 주도하여 역사적 건물을 호텔로 개조한 것이 그 시작이다. 이렇게 사업을 진행한 목적은 부분적으로는 역사적 건물을 보존하기 위해서이기도 하지만, 전국에서 관광객이 많이 찾지 않는 지역으로 관광객을 유치하기 위해서이기도 하다. 오늘날 스페인 전역에는 이와 같은 형태의 호텔이 85개 있다. 이 중 약 1/3은 실제로 오래된 역사적인 건물이며, 나머지는 그림처럼 아름다운 마을이나 경치가 좋은 곳에 현지 스타일에 맞게 지은 고상한 디자인의 새 건물이다. 오래된 건물도 모두 복원되어서 현대적인 호텔 편의시설을 갖추고 있다.

【오스탈】

어떤 도시를 가더라도 오스탈[hostales] 은 아주 많아서, 관광안내소에서 목록을 얻을 수 있다. 객실 요금은 호텔보다 저렴하지만, 호텔과 마찬가지로 '별'로 등급이 나뉜다. 흔히 아파트 단지에서 2개 층을 사용한다. 한 층에는 리셉션, TV룸, 식당, 침실이 있고 그 위층에는 나머지 침실이 있는 구조다. 대체로 가족이 운영하며, 직원들은 스페인어만 구사할 수도 있다. 침실마다 독립된 욕실을 다 갖추고 있는 것은 아니며, 대개 식사는 객실요금에 포함되지 않는다. 간단한 조식은 제공될 수도 있다.

【알베르게】

유스호스텔과 기타 기본적인 숙소가 여기에 포함된다. 이곳에는 기숙사형 객실과 식당, 손수 요리할 수 있는 부엌이 마련되어 있다. 대체로 시내 주요 기차역 근처나 스페인 전역에 있는 자연보호구역 안에 있는 경우가 많다. 이런 스타일의 숙소는 요금이 저렴하고, 기본적인 시설만 갖추어져 있어서 주로 젊은 배낭여행족들이 많이 이용한다.

【 아파르타멘토 】

이와 같은 독립된 아파트는 해안 지방에서 임대할 수 있다. 기본 시설이 갖춰진 객실에서부터 정원이 딸린 작은 비야에 이르기까지 다양한 형태가 있다. 요금은 숙소 규모, 위치, 이용 시기에 따라 다르다(장기 거주용 아파트는 피소라고 한다).

요즘 인기 있는 또 다른 형태의 숙박시설은 집주인 또는 다른 손님과 객실을 공유하며 임대하는 것이다. 이런 경우 가격이 더 저렴한 경우가 많다. 일반적으로 거실, 부엌, 욕실 같은 공동 편의시설을 함께 이용하고 수건, 침대시트 몇몇 세면용품을 제공받는다. 어떤 집주인은 매우 친절해서 관광정보와 팁, 심지어 B&B 민박처럼 조식을 제공하는 경우도 있다. 이와 관련한 자세한 정보를 원한다면 이 책 맨 뒤 부록을 참조하기 바란다.

【 아그로투리스모 】

아그로투리스모(농촌생태관광-옮긴이)는 시골에서 매우 인기가 좋은 새로운 트렌드의 숙박 형태이다. 시골 지역을 국내외 관광객에게 개방하고자 하는 목적으로 시골에 있는 큰 주택의 객실을 빌려주는 것이다. 아그로투리스모는 전통적으로 관광객이 많이 찾는 바다와 태양이 있는 관광명소에도 있다. 마요르카는 이 같은 변형된 숙박시설을 보여주는 단적인 사례다.

보건 및 보험

스페인에서는 처방전 필요 여부와 관계없이 약을 사려면 항상 약국에 가야 한다. 또한 약사는 가벼운 질환은 대체로 치료할 수도 있다. 심지어 항생제처럼 다른 나라에서는 처방전이 반드시 필요한 의약품도 처방전 없이 판매할 수 있는 경우도 있다.

스페인에는 뛰어난 사설 의료시설과 함께 매우 훌륭한 공공의료 시스템도 구축되어 있다. 일반적으로 병원 수준은 매우 높으며 스페인 국내외에서 간호사, 의사, 외과의사는 존경의 대상이 되고 있다. 그 결과 스페인은 다른 유럽 사람들이 선호하고 찾아가는 '보건 의료 국가'로 자리매김했다. 유럽 환자들 중에는 자국에서는 비싼 비용을 지불해야 하는 치료나 수술을 무료 혹은 아주 합리적인 가격으로 받기 위해 휴가기간을 이용해 스페인을 찾는 경우가 있다. 이러한 현상과 이로 인한 부수적인 재정 손실은 스페인 국내에서 자주 논쟁의 대상이 되기도 한다.

　스페인을 방문하는 모든 외국인은 민간 여행자보험에 가입하기를 강력히 권하고 싶다.

【 코로나19 】

스페인은 2020년 코로나로 인해 가장 큰 타격을 받은 국가 가운데 하나다. 특히, 관광 분야에서 심각한 피해가 발생했다. 하지만 정부가 취한 공공 안전 조치는 사회·문화적 차원에서 주도적 참여 붐을 일으키면서 전국적으로 괄목할 만한 사회적 연대감이 조성되는 결과를 낳았다.

08

비즈니스 현황

좋은 대인관계는 성공적인 비즈니스를 위해 필요불가결하다. 대인관계가 원만하더라도 비즈니스가 잘 풀리지 않을 수 있지만, 이런 개인적인 관계가 없다면 비즈니스 자체가 불가능하다. 스페인 사업가들은 네트워크 구축이라는 행위가 유행하기 이전에도 늘 네트워크를 형성했다.

비즈니스를 위해 스페인을 방문하는 외국인들은 보통 세 가지 장애물에 직면한다. 지역 사이의 문화 차이가 극명하다는 점, 성공적인 비즈니스를 위해 지속적인 관계를 유지해야 한다는 점, 스페인 사람들은 즉흥적이거나 마지막 순간에 계획을 변경하기 쉬운 성향을 지니고 있다는 점이다.

스페인에서 가장 중요한 비즈니스 지구는 마드리드와 바르셀로나 및 그 주변 지역에 있으며, 남부지방에서는 안달루시아 지방에 있다. 카탈루냐 지방 사람들이 비즈니스와 일을 대하는 태도는 다른 지역 사람들과는 사뭇 다르다. 이들은 단도직입적이거나 심지어 갑작스러운 모습을 보이기도 하며, 보통 생각하는 스페인 사람의 이미지만큼 자신의 의견을 표현하지 않는다. 다른 스페인 사람들은 이들을 일벌레, 짠돌이, 깍쟁이, 재미없는 사람이라고 생각한다. 반면 카탈루냐 사람들은 마드리드 출신을 뜻하는 마드릴레뇨를 오만하고 관료적이며 뽐내기 좋아하고 낭비벽이 심한 사기꾼이라고 여긴다. 안달루시아 사람들은 비교적 더 느긋하며, 점심시간을 길게 가지고 사무실 밖에서 업무를 처리하고 싶어 하는 경향이 있다. 하지만 이러한 고정관념이 존재함에도 불구하고 시간, 약속, 마감날짜에 대한 태도는 개인차가 있다.

그러나 모두에게 공통적으로 적용되는 한 가지 사실이 있다. 이탈리아와 포르투갈과 마찬가지로, 좋은 대인관계는 성공적인 비즈니스를 위해 필요불가결하다는 사실 말이다. 대인관계가 원만하더라도 비즈니스가 잘 풀리지 않을 수 있지만, 이런 개인적인 관계가 없다면 비즈니스 자체가 전혀 불가능하다. 스페인 사업가들은 네트워크 구축이라는 행위가 유행하기 이전에도 늘 네트워크를 형성했다. 이곳에서는 접촉을 유지하지 않으면 데드라인이 지켜지지 않을 수 있다. 개인적인 친분관계를 구축하고 있으면 머지않아 다루게 될 사안에 무게감이 더해진다. 또한 후속조치로 추적을 계속하면 배송도 이루어진다.

회사조직과 기업문화

스페인에는 두 가지 유형의 회사가 존재한다. 바로 주식회사인 소시에다드 아노니마(SA)와 유한회사인 소시에다드 데 레스폰시빌리다드 리미타다(SRL)다. 종업원 50명 이상인 회사는 노동조합이 구성되어 있어야 한다. 종업원 500명 이상인 회사는 이사회에 종업원 대표가 참여해야 한다. 최근 높은 실업률의 여파로 프리랜서나 자영업자 수가 크게 증가했다. 정부는 스타트업 창업 절차를 간소화하는 노력을 기울였으나, 네덜란드 같은 나라와 비교하면 관료적 사무절차와 세금 측면에서 여전히 개선되어야 할 부분이 많은 실정이다.

사무직 근무시간은 주당 40시간인 경우가 많다. 오전 9시에서 오후 1시나 2시까지 오전근무를 한 뒤 2시간 동안 점심시간을 가진 후 오후 3시나 4시부터 저녁 6시나 7시, 또는 이보다 늦은 시간까지 오후근무가 이어진다. 이런 일과시간은 전국에 일괄적으로 적용되지는 않는다. 남부지방으로 내려가면 한낮 더위를 피하기 위해 점심시간을 더 길게 잡을 수 있도록 근무시간을 조정하기도 한다. 흔히 거래가 성사될 때는 양측 대표가 점심이나 저녁, 또는 커피타임을 가지면서 원칙적으로 합의를 한 뒤에, 그 밑의 직원들이 사무실에서 더 자세한 사항을 구체화하는 순서로 진행된다.

스페인 사람들은 때때로 공휴일에 4일간 쉴 수 있는 경우도 있다. 7월과 8월에는 대부분의 사람들이 휴가를 간다. 이 기간에는 종사하는 업계에 따라서 회사 근무시간을 변경하거나 꼭 필요한 최소 인원만 근무하기도 한다. 가장 흔한 경우는 한달 동안 회사 문을 닫고 직원 모두가 휴가를 쓰는 것이다. 법

정휴가 기간은 근무일로 따져서 월 2.5일, 연간 30일이다.

【 리더십과 위계질서 】

전통적으로 스페인식 경영 스타일은 모든 중요한 결정은 보스가 내리는 상명하복 스타일이다. 오래전에 설립된 회사나 가족 경영 회사가 전형적으로 이렇게 운영된다. 이런 회사에서는 사장이 절대적 관리자이며 그 밑의 직책은 가족 구성원이 맡는다. 나이가 많은 경영진 가운데는 영어가 유창한 사람들이 별로 없으며 비즈니스용 외국어로 프랑스어를 구사하는 경우는 있다. 그러나 이와 같은 업무관행은 급격히 변화하고 있다. 오늘날 신입사원은 2개 국어 또는 3개 국어를 할 줄 알아야 한다. 하지만 회사 업무가 완전히 2개 국어로 진행되려면 앞으로 몇 년은 더 지나야 할 것이다. 여러분이 상대하는 스페인 회사가 어디냐에 따라 여러분은 통역사를 구해야 하거나 회사에 통역을 해줄 젊은 직원이 있는지 확인해야 하는 일이 벌어질 수 있다. 하지만 스페인에는 전문적으로 교육받은 경영인들이 많다. 이들 중 다수가 해외 유학파이며 최신 현대적 경영기법에 능하고 영어 실력도 뛰어나다.

스페인에서 보스(헤페)에게 요구되는 능력은 결정력과 대담

함이다. 또한 부하 직원의 개인적인 충성심을 끌어내고 유지시키는 능력도 그(대개 보스는 남성인 경우가 많지만 간혹 여성도 있다)에게 요구된다. 보스가 내리는 결정은 간결하고 구체적이며 단기적이어야 하며, 그 실행방법에 대한 지시사항은 명확해야 한다. 하지만 이렇게 되면 그 아래에서 일하는 매니저들은 보스의 결정사항을 헌신적으로 실행하지 않을 수 있으며, 사소한 결정을 해야 할 때조차도 상부에 떠넘기게 된다. 이런 경향은 거대한 관료주의 때문에 일의 진행을 지연시키는 공무원 조직에서 특히 심하다. 오래된 회사는 평가서와 마찬가지로 사업 목표와 개요서를 문서로 작성하는 일이 드물다.

스페인 매니저들은 논리보다는 직관에 따라 일하는 경향이 많다. 또한 그들 스스로 직원들에게 개인적인 영향력을 미친다는 데 자부심을 느낀다. 스페인 사람들은 매니저라고 하면 자신의 직원과 비즈니스 상대의 회사 생활뿐만 아니라 사생활도 잘 알아야 하는 법이라 믿는다. 또한 이들에게 공적으로나 사적으로 문제가 생겼을 때 이를 해결할 능력이 있어야 한다. 지시를 내릴 때는 절대 냉정하게 말해서는 안 된다. 스페인, 특히 스페인 남부에서는 명령이나 지시를 내릴 때 따뜻하게 말하는 것이 중요하다. 하지만 따뜻한 말 속에는 항상 권위가 분명히 담겨 있다. 종종 감정의 위력이 논리를 앞선다.

【 인간적인 문제에 대한 민감성 】

만약 스페인 사람인 직원이 자신의 보스에게 사적인 문제를 상담한다면, 즉각 이에 주목해야 한다. 나중에 이 문제를 다루거나 더 자세하게 의논하기 위해 약속을 잡는 것뿐일지라도 말이다. 왜냐하면 스페인에서는 개인적이고 인간적인 영역이 우선시되기 때문이다.

스페인 고위 경영진은 일반적으로 자신의 가정과 가까운 곳에서 일하는 것을 좋아한다. 수도 마드리드에서 공부하고 일하면서 몇 년을 보내지만, 그 뒤에는 대개 고향에서 일자리를 찾는다. 많은 회사에서는 여전히 직원을 채용할 때 자질이나 능력보다는 인맥(구어로 엔추폐라고 한다)을 중요시한다. 학력은 지금도 지극히 중요하게 여겨지지만, 전문적이고 국제적인 경험과 사전대응능력, 반응능력 등 기타 자질도 요구된다. 승진에 필요한 자질은 개인적 충성심, 우정, 능력 등인데, 대개의 경우 이렇게 언급된 순서대로 중요하다. 지능만 따져서는 조금 믿음이 가지 않을 수도 있다. 이런 가치들은 높은 실업률과 함께 전 연령대에서 막대한 좌절감을 낳았다. 그래서 많은 사람들이 더 나은 기회를 잡기 위해 고국을 떠나는 선택을 했다. 어떤 경우에는 성공하지만 어떤 경우에는 그런 행운이 따르지 않는다. 결국 스페인은 2008년 이래 엄청난 두뇌 유출로 어려움을 겪었다.

비즈니스 스타일

스페인은 더운 나라지만, 차림새를 중요시한다. 따라서 비즈니스를 위한 자리에서는 어느 정도 멋진 정장을 차려입는 것이 당연시된다. 남성은 어두운 색상의 정장 한 벌이나 남색 상의에 넥타이를 매고, 여성은 정장이나 원피스에 스타킹을 꼭 신어야 한다. 사무실 안에서는, 특히 더운 여름이라면, 재킷과 타이를 벗어도 된다. 옷이나 시계, 자동차, 보석 등 부의 상징은 대개 좋은 인상을 준다. 그만큼 여러분이 일을 잘 해왔다는 것을 보여주는 셈이기 때문이다. 스페인 사람들은 자신의 소유물에 대한 자부심이 대단하며, 품질과 취향을 중요하게 생각한다. 여러분이 몽블랑 만년필이나 까르띠에 시계를 지니고 있으면 스페인인 상대방은 금방 알아보고 속으로 높이 평가하겠지만 드러내놓고 아는 체하지는 않을 것이다.

일반적으로 스페인 사람들의 비즈니스 스타일은 격식에 얽매이지 않고 무척 편안한 분위기지만, 첫 번째 미팅에서는 격식을 갖춘다. 고위급 인사, 가령 회사의 사장 이름이 돈 시니어 호세 안토니오 로페스일 경우 사람들은 돈 호세 안토니오나 돈 호세라고 부를 수 있다. 하지만 일단은 격식에 맞게 '당신'이라는 의미의 우스테드(줄여서 우드)를 사용하고, 상대방의 제안이 있을 경우에만 편안하게 '너'라는 뜻의 투로 바꿔 부르도록 한다. 아마 여러분은 금세 상대방과 이름을 부르는 친한 사이가 될 것이고 이후로는 이런 격식에 얽매이지 않는 스타일로 계속 만나게 될 것이다. 이렇게 되면 혹시 "에스타모스 엔 콘탁토(계속 연락합시다)" 또는 더 나아가서 "운 아브라소('이만 안녕'이라는 뜻의 편지 맺음말-옮긴이)"로 끝나는 이메일을 받더라도 놀랄 필요 없다.

신뢰를 바탕으로 한 관계를 맺는 것이 중요하다. 또한 과도하게 적극적인 모습을 보이지 않는 것도 중요하다. 잘못하면 상대가 가지고 있는 개인적 긍지를 침해할 수도 있기 때문이다. 스페인 사람들은 업무나 기술적인 면보다는 개인적인 자질과 개인의 특정한 명예에 대한 자부심이 더 강하다. 따라서 스페인에서는 개인적인 접촉이 매우 중요하며, 사무실을 벗어나서 사적인 대화를 나누고 '인맥 네트워크'를 쌓는 것이 업무의 일환이다. 수많은 비즈니스가 바로 이런 식으로 진행된다. 이메일을 백 번 주고받는 것보다 커피 한잔을 나누는 것이 더 효과적일 수 있다. 이것은 사람들 대부분이 고학력자라 경쟁이 치열한 환경에서 돋보일 수 있는 한 가지 방법이다. 만약 여러분이 다른 나라에 있다면 전화나 화상회의로 대화하면 같은 효과를 낼 수 있다.

스페인에서는 흔히 근무 중에 점심시간을 가진다. 점심시간이 딱 한 시간뿐일지라도, 사람들은 동료들과 어울려 카페에 가서 '오늘의 메뉴'를 먹거나 사내 부엌이나 직원용 식당을 찾는다. 하지만 이때 보스는 직원들과 어울리지 않고 잘 아는 레스토랑에 가서 따로 점심식사를 하는 것이 보통이다.

비즈니스 여성

스페인은 전통적으로 마초 이미지가 강하지만, 중간급과 고위급 경영진 가운데는 여성도 많다. 이들의 자질을 보면 보편적

으로 인정받을 만하다. 하지만 이는 회사 창립자의 딸이나 손녀가 아니라면 스페인 회사의 최고위급 위치에 있는 여성은 많지 않다는 뜻이기도 하다. 비즈니스 여성들은 업무상 만나는 남성들이 전적으로 업무적인 태도로 대해주기를 기대한다. 점심이나 저녁식사 초대는 비즈니스 관계의 일부로 간주된다.

비즈니스 관계

스페인에서 비즈니스를 하려면, 먼저 스페인 측 상대방과 개인적인 친분을 맺어서 그의 신뢰를 얻어야 한다. 여러분의 비즈니스 파트너는 분명 여러분을 친절하게 대할 것이다. 사교 모임에 초대받으면 모든 경우를 신뢰관계 구축을 위한 투자로 간주해야 한다. 이런 자리에서는 가족과 자녀 이야기가 중요한 부분을 차지한다. 따라서 이에 대비해서 상대에게 보여줄 가족사진을 미리 준비해두면 관계 구축에 큰 도움이 된다. 이는 스페인 측 상대방에게 여러분은 여러분이 속한 사회에 뿌리가 있다는 사실을 보여주는 셈이 되어 모든 일이 제대로 진행된다는 확신을 심어줄 수 있다. 채용 면접을 하는 자리라면 부모님 직업, 가족관계, 지위에 대한 질문을 받을 수도 있다. 회사에서는 사원에 대해 잘 알고 싶어 하기 때문이다. 다른 문화권과는 반대로 스페인에서는 이력서에 증명사진이 첨부되어야 한다.

이렇게 맺은 인맥은 가족에게 작은 호의를 베푸는 것으로 확장된다. 만약 여러분이 어떤 방식으로든 비즈니스 파트너의 친척이나 친구를 도와줄 수 있다면, 이는 진정한 호의로 받아들여져서 신뢰를 쌓는 데 지대한 역할을 한다. 무릇 성공적인 비즈니스 관계라면 단지 좋은 비즈니스 관계 그 이상이 되어야 한다.

스페인 비즈니스 세계에서 자부심과 마초 이미지는 여전히 남성들에게 중요한 의미를 지닌다. 품위를 잃지 않고 명예를 지키는 것은 스페인 비즈니스 세계에서 결정적으로 중요한 개념이다. 스페인 비즈니스 파트너는 남성이건 여성이건 자신의 말에 책임을 진다. 일단 그들과 친분을 쌓으면, 그들은 절대로 여러분의 기대를 저버리지 않는다. 이와 마찬가지로, 여러분 또한 그들을 실망시키는 일은 하지 않도록 주의해야 한다.

따라서 여러분을 대신할 스페인 에이전트를 고용하는 것이 핵심이다. 이들은 시장에서 여러분의 눈과 귀 역할을 한다. 일단 그들을 고용하면 여러분은 그들과 함께 일해야 한다. 만약 여러분이 따로 어떤 조치를 취하면, 그들은 무척 불쾌하게 여길 것이다. 이와 같은 접촉을 현명하게 하고 있는지 확인해야 한다. 이는 스페인 시장에서 여러분의 존립 여부를 좌우할 수 있기 때문이다.

융통성

스페인에서는 업무수첩과 잘 짜인 시간표를 가지고 있는 사업가도 자신이 융통성을 지녔다는 데 자부심을 느끼는 분위기다. 이는 세 가지 의미로 해석할 수 있다. 첫째, 계획한 것이 오히려 무계획적으로 보일 수 있다. 둘째, 여러분이 예상 또는 희망하는 것보다 프로젝트 진행 속도가 느릴 수 있다. 셋째, 여러분의 파트너는 열린 마음으로 새로운 아이디어를 대하다가 이것이 흥미롭거나 합리적이면 그냥 바꿔버린다. 스페인 사람들은 많은 것을 한꺼번에 처리할 줄 안다. 이는 그들이 본질적으로 멀티태스킹이 가능하며, 지속적으로 우선순위를 정하고, 곡예 부리듯 많은 일을 동시에 하며, 가장 중요하거나 긴급한 요구에 반응한다는 뜻이다.

스페인 사람들은 장기적인 비전과 단기적인 플랜을 선호한다. 그들이 이렇게 할 수 있는 것은 스페인 사회에서는 인맥이 대단히 중요하기 때문이다. 미국이나 독일 같았으면 석 달이 걸렸을 일을 스페인에서는 단 사흘 만에 해낼 수 있다. 그 이유는 스페인 사람들은 전화 통화를 하며 개인적으로 일을 처리할 수 있기 때문이다. 이들은 다년간 쌓은 인맥을 동원해서 개인적으로 접촉하는 방식으로 임무를 완수한다. 이것은 유럽이나 미국 측 상대방은 도저히 하기 어려운 일이다. 스페인 비즈니스맨이 업무상 가장 소중하게 여기는 물건 중 하나가 바로 고객, 공급자, 사업가, 기타 주요 인사의 연락처가 들어 있는 주소록이다.

약속 잡기

스페인에서는 날짜를 쓸 때 일, 월, 년 순으로 쓴다. 따라서 2003년 11월 15일은 15.11.03으로 쓴다. 약속을 잡을 때는 먼저 예약한 다음, 도착하면서 전화로 확인하기 바란다. 약속 장소에 도착하면 안내원에게 명함을 건네면서 여러분의 이름과 직위 또는 회사명을 소개하는 것이 가장 적절한 방법이다. 그러면 안내원이 여러분의 스페인 측 상대에게 여러분의 도착을 알리게 된다.

때때로 10~30분 정도 대기해야 하는 경우가 생기더라도 여러분은 약속시간에 정확하게 도착해야 한다. 하지만 스페인 비즈니스맨들은 예전보다 국제화되어서 이제는 다른 나라의 다양한 비즈니스 관행에 익숙해졌다.

정상근무시간을 늘 기억하고, 휴가기간에는 근무시간이 단축되거나 아예 사무실 전체가 근무를 하지 않는 경우가 많다는 사실을 잊지 말기 바란다. 부활절과 크리스마스 즈음이나 8월에는 약속 잡는 것을 피하도록 한다.

의사소통 스타일

스페인 비즈니스 세계에서는 편안하고 친숙한 스타일로 의사소통하며, 무엇보다도 인간적인 접촉을 신뢰한다. 스페인 사람에게 업무상 이메일을 보낼 때는 똑같은 내용이더라도 미국이나 영국 측에 보낼 때보다 살짝 장황하고 따뜻한 어조로 써야 한다. 첫머리에는 '에스티마도/다(친애하는)' 같은 인사말을 사용하도록 하라(조금 더 사적인 의미가 담긴 '케리도/다'라는 인사말은 피한다). 이메일 말미는 '살루도스' 또는 '살루도스 코르디알레스' 또는 '아텐타멘테(안부를 전하며 이만 총총)'로 끝맺는다. 그러다가 관계가 가까워지거나 개인적으로 친밀해지면 첫줄을 '부에노스 디아스 미구엘("안녕하세요, 미구엘")'로 시작할 수 있다. 이메일이 이어지면 '미구엘,'처럼 간단히 이름을 적고 콤마만 써도 된다. 전화로 통화할 때도 인간적인 측면을 강조하는 것을 잊지 말기 바란다.

회의

스페인에서 회사 회의시간에 하는 일은 고객 파악, 지시사항 전달, 프로젝트나 토픽 업데이트, 긴급 사안 처리 등이다. 대개 회의에는 그 시간에 의논할 의제가 사전에 정해져 있지만, 회의를 진행하는 중에 새로운 토픽이 추가되어 회의록 내용이 늘어나는 경우가 아주 흔하다. 새로 제기된 주제는 얼마나 타당성이 있느냐에 따라 즉시 다루거나, 회의 말미에 다루거나, 추후에 다루는 것으로 일정을 잡는다. 최종 결정권은 항상 보스에게 돌아간다. 만약 보스가 토론 과정 전체에 참여할 수 없을 때는 회의가 진행되는 중간에 얼굴을 내비쳐 참석했음을 알리는 것이 보통이다.

대개 스페인 사람들은 긴 연설로 회의를 시작한다. 이것은 그들의 위상을 정립하고 목표를 설명해주는 역할을 한다. 그 뒤를 이어 다른 의견을 가진 쪽에서 앞서와 마찬가지로 길게 응수하는 연설을 한다. 회의를 하는 동안에는 가능한 한 코멘트를 할 합의점을 찾는 것이 중요하다. 스페인에서는 도의상 보스는 공개석상에서 반박을 받아서는 안 된다. 또한 외국인의 경우 점심이나 저녁식사를 하면서 좀 더 편안한 분위기에서 '고분고분한' 태도를 보이면 양보를 잘 얻어낼 수 있다.

스페인에서는 회의 문화가 모든 회사에 잘 정립되어 있지는 않다. 게다가 공동합의에 도달하기 위해 어떤 사안을 철저히 논의한다는 생각은 보편적으로 인정받지 못하고 있다. 행동방침 또는 후속조치 같은 것도 마찬가지다. 반면 회의를 진행하는 의장에게는 자신의 관점에 동의하도록 모든 사람을 설득하는 것이 중요하다. 의장은 결정을 내리거나 결정을 보스에게 보고해서 비준을 받는다.

스페인 매니저들은 매우 개인주의적이라, 회의를 개인 고과를 올리는 기회로 이용한다. 그들은 자신을 강하게 표현하는 스타일인지라, 협상이 자주 중단되고 예고 없이 협상에 참석하라고 불려오는 사람들 때문에 협상 과정이 소란스러워질 수 있다. 동시에 말하느라 대화가 겹치는 일이 생겨도 냉정을 잃지 않는 것이 중요하다. 스페인에서는 이런 일을 무례하다고 느끼지 않는다. 회의에 참석하는 사람들 모두 기본적인 것은 다 준비하지만, (너무 길어지는 경우가 많은) 협상에서는 직관과 순간적인 판단에 의존한다. 이는 면밀히 준비한 것에 의존하는 독일이나 스위스 회사와는 확연히 다른 점이다. 강렬한 아이 콘택트는 개인적인 접촉을 공고히 해준다. 스페인 사람들은 여러분이 어떤 사람인지 파악하기 위해 '여러분의 눈을 읽고' 싶어 한다.

프레젠테이션

스페인 사람들은 흔히 상대방에게 좋은 인상을 심어주는 데 신경을 더 많이 쓰지, 다른 사람의 말을 언제나 열심히 경청하는 편은 아니다. 프레젠테이션을 하는 동안 이들은 내용보다는 스타일과 여러분의 외모에 더 관심을 가지는 것처럼 보이기도 한다. 이들은 여러분의 신체적 특징과 버릇을 관찰하고, 프레젠테이션이 끝난 뒤에 있을 화기애애한 사교 자리에 참석할 의향이 있는지 여러분의 태도에 주목한다. 만약 '중요한' 프레젠테이션을 해야 한다면, 길이는 짧아야 하며 사람들 뇌리에 남을 창의적인 문구를 몇 마디 던지도록 하자. 스페인 사람들은 비즈니스 미팅이나 협상 때 팔라브레리아(알맹이 없는 장황한 말)를 좋아하지 않는다. 말이 길어지면 이들은 끼어들어서 요점만 논하려 들 것이다. 그러므로 프레젠테이션 시간은 30분을 넘지 않도록 제한하는 것이 좋다.

계획 수립 및 관리

스페인 사람들이 개인적인 관계를 중시한다는 말은 계획 수립이나 심지어 금융사업계획 같은 표준적인 회사 업무도 체계적인 데이터보다는 비즈니스 감각과 직관을 바탕으로 해서 할 수 있다는 뜻이다. 일정이나 예산, 예측은 대략적인 가이드만 있을 뿐이다. 계약서나 이메일 같은 문서로 된 증빙자료는 있어야 하지만, 모든 일은 개인적인 협상을 통해 이루어져야 한다. 만약 상대방으로부터 배송 확인 연락을 받지 않았다면, 여러분 쪽에서 연락을 하여 상품이 배송되었는지 또는 출고되었는지 확인하는 게 좋다. '기대하지 말고 점검하라'를 여러분의 모토로 삼아야 한다.

회식

스페인 업체와 좋은 관계를 구축하고 유지하려면 사무실 밖에서 어느 정도 시간을 보낼 각오를 해야 한다. 오늘날 비즈니스 세계에서는 더 이상 오후에 시에스타 시간을 두지 않지만,

스페인 사람들은 여전히 아침 일찍 출근해서 저녁 늦게 퇴근한다. 그래서 저녁식사는 밤 10시에 시작해서 새벽 2시에 끝나고, 주말 사교 모임은 이보다 더 늦은 시간까지 이어지기도 한다. 여러분의 건강과 소화력에 부담이 될 수도 있으니 단단히 대비하기 바란다!

대개 회식 장소는 레스토랑이다. 만약 여러분이 스페인 사람의 집에 초대를 받았다면, 이는 저녁식사를 하러 레스토랑으로 가기 전에 먼저 한잔 하자는 것일 뿐이다. 그렇지 않을 경우에는 타파를 먹기 위해 여러분을 카페나 바로 먼저 데려갈 수도 있다.

스페인 비즈니스 의전상, 식사를 마친 후 커피가 나올 때까지는 비즈니스 이야기를 꺼내면 안 된다는 전통이 있다. 하지만 스페인 업체들도 국제 비즈니스 관행을 채택하고 또 바빠지면서, 요즘은 그들 역시 미팅 시간 1분 1초를 최대한 활용하기를 원한다.

명심할 점은 누가 되었건 초대를 한 사람이 비용을 지불한다는 것이다. 만약 여러분이 식사 초대를 받았다면, 여러분도 다음에 식사 초대를 해야 한다. 다만 그렇게 하면서 '신세진 것을 갚는다'는 식으로 말하지 않도록 주의해야 한다. 레스토랑을 선택할 때는 훌륭한 곳인지 꼭 확인하기 바란다. 스페인 사람들은 좋은 음식과 와인을 지극히 높이 평가하는 사람들이라, 훌륭한 취향을 가지고 있다는 것을 보여주면 여러분을 존경할 것이다! 많은 레스토랑이 휴가 기간에는 한 달간 문을 열지 않거나 저녁이나 주말에만 오픈한다는 사실을 잊지 말기 바란다. 특히 일부 훌륭한 레스토랑은 이런 경우가 더 많다.

비즈니스 선물

보통 첫 미팅 때에는 선물을 주고받지 않지만, 선물은 나중에 좋은 관계를 구축하고 싶다는 의지의 표현이 될 수 있다. 또한 성공적으로 협상이 타결되었을 때에도 선물을 줄 수 있다. 만약 여러분이 선물을 받는다면 그 자리에서 즉시 열어봐야 한다. 주로 멋진 볼펜이나 작은 케이스에 담긴 현지 와인이나 농산물 선물이다.

반대로 여러분이 선물을 하게 된다면 너무 과한 선물을 하지 말도록 한다. 잘못하면 여러분의 넉넉한 마음을 뇌물로 받아들일 수 있기 때문이다. 혹시 스페인산 와인을 선물하고 싶다면, 베가 시실리아 같은 특별한 와인인지 꼭 확인하도록 한다. 여러분의 고향에서 만든 공예품이나 화보, 그 지역 관련 CD 역시 반가운 선물이 될 수 있다. 여러분의 회사명을 홍보하는 선물은 너무 노골적이지 않고 품위 있는 선물일 경우에만 선물하기 바란다.

드문 경우지만 스페인 가정집에 식사 초대를 받게 된다면, 고급 초콜릿이나 디저트가 될 수 있는 작고 예쁜 케이크 또는 꽃다발을 선물로 가져간다. 다만 꽃을 준비할 때는 꽃이 몇 송

이인지 반드시 확인해야 한다. 스페인에서는 꽃 13송이에는 액운이 깃들어 있다고 믿기 때문이다. 또한 달리아나 국화는 죽음을 연상시키는 꽃이므로 선물로는 피해야 한다.

요점 정리

스페인에서는 다른 분야와 마찬가지로 비즈니스 분야에서도 개인적인 관계나 친분이 중요하다는 사실을 과소평가해서는 안 된다. 스페인 사람들은 초면에는 격식을 차리지만, 일단 통성명 단계가 지나면 보다 개인적이고 격식에 얽매이지 않는 분위기가 되는 것을 자연스럽게 여긴다. 하지만 언제나 품위는 유지해야 하며, 신뢰와 업무관계를 구축하려면 존중과 공경은 필수다.

스페인식 비즈니스는 '동시다발적'으로 이루어진다. 많은 사안이 개별적이지 않고 동시에 다루어진다. 스페인 사람들은 여러분 역시 융통성이 있을 것으로 기대한다. 여러 임무는 우선순위를 정하고, 동료와 부하직원 모두와 원만한 업무관계를 맺어야 한다. 스페인에서는 엔추페(좋은 배경)라는 개념이 비즈니스 생활의 일부이기 때문에 절대적으로 연줄이 좋아야 한다. 만약 든든한 배경이 되어줄 수 있는 사람들이 여러분을 좋게 생각한다면 성공가도에 들어선 것이나 마찬가지다. 비즈니스 파트너가 여러분을 인정하고 좋아하기만 하면, 판매하는 제품은 훨씬 쉽게 인정받을 수 있다.

하지만 이와 같은 스페인의 경영 관행은 이제 변화일로에 있다. 전문 교육을 받은 신진 매니저들은 보다 분권적이고 목표 지향적이며 품질에 초점을 맞춘 팀 단위의 경영방식을 채택하고 있다.

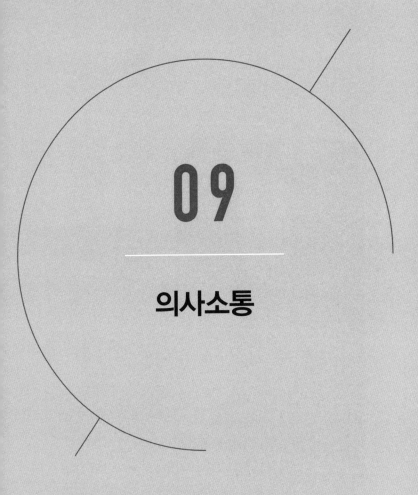

09

의사소통

스페인어는 스페인을 비롯한 많은 나라의 공용어다. 스페인어권 국가로는 아르헨티나, 볼리비아, 칠레, 콜롬비아, 코스타리카, 쿠바, 도미니카공화국, 에콰도르, 엘살바도르, 적도기니, 과테말라, 온두라스, 멕시코, 니카라과, 파나마, 파라과이, 페루, 우루과이, 베네수엘라가 있다. 또한 스페인어는 푸에르토리코 미연방국의 공용어이기도 하며, 미국, 모로코, 필리핀을 포함한 몇몇 국가에서 널리 사용되고 있다.

언어

스페인어는 스페인을 비롯한 많은 나라의 공용어다. 스페인어권 국가로는 아르헨티나, 볼리비아, 칠레, 콜롬비아, 코스타리카, 쿠바, 도미니카공화국, 에콰도르, 엘살바도르, 적도기니, 과테말라, 온두라스, 멕시코, 니카라과, 파나마, 파라과이, 페루, 우루과이, 베네수엘라가 있다. 또한 스페인어는 푸에르토리코 미연방국의 공용어이기도 하며, 미국, 모로코, 필리핀을 포함한 몇몇 국가에서 널리 사용되고 있다.

스페인어는 세계에서 많이 쓰는 언어 중 하나다. 1999년 통계에서 스페인어 사용자 수는 3억 3,200만 명이었는 데 반해, 영어 사용자 수는 3억 2,200만 명에 그쳤다. 오늘날에는 4억 7,000만 명이 스페인어가 모국어라고 주장하고 있다. 이와 같은 증가세가 계속되면 2050년에는 미국 내 스페인어 공동체는 세계에서 가장 규모가 큰 스페인어 공동체가 될 것으로 예상된다.

【 카스티야어(카스테야노) 】

스페인 공용어는 일반적으로 그냥 스페인어라고 알려져 있지만, 그 정확한 명칭은 카스티야어다. 카스티야어는 처음에는 스페인 북부에서 사용되는 방언 중 하나였으나, 12세기에 카스티야와 레온 왕국 궁중에서 사용하는 궁중어가 되었다. 그 후 이사벨라 여왕과 페르디난드 왕이 카스티야 왕국과 아라곤 왕국을 통일하면서 카스티야어는 국가의 공용어가 되었다. 다른 유럽 언어와 마찬가지로 카스티야어도 라틴어에서 파생되었다. 하지만 무어족의 지배를 받는 동안 많은 아랍어가 도입되는 등 다른 여러 언어의 영향을 많이 받았다.

카스티야어를 구사할 때 스페인 지역별로 악센트에 차이가 있으며, 이보다 정도는 덜하지만 어휘에서도 차이가 나타난다. 차이가 가장 확연하게 드러나는 곳은 'ce', 'ze', 'za' 조합을 발음할 때다. 카스티야어가 순수한 형태를 가장 잘 보존하고 있는 곳인 카스티야 북부 지방에서는 이 발음을 영어의 'th'처럼 부드럽게 발음한다. 이에 비해 스페인 남부와 서부 지방에서는 같은 글자 조합이지만 다른 발음으로 영어의 's'처럼 발음한다. 's'로 발음하는 경우는 라틴 아메리카에서 사용하는 스페인어에서도 발견된다. 스페인어에는 악센트를 기준으로 우월의식을 갖는 경우는 없다. 악센트를 들으면 출신지를 알 수 있는 것이지 어떤 계층에 속하는지 알 수 있는 것은 아니다.

카스티야어는 스페인에서 가장 많이 사용되는 언어다. 하지만 전체 인구 가운데 거의 30%가 카스티야어 말고 다른 언어를 제1언어, 즉 모국어로 삼고 있다. 여기에 해당하는 언어는 카탈루냐어(전체 인구의 12%), 갈리시아어(8%), 바스크어(약 1% 이상) 등이다. 1978년 헌법에 따라 지방에서 지배적으로 사용하는 언어와 방언은 카스티야어와 함께 공식적인 지위를 인정받았다. 이렇게 규정된 언어는 카탈루냐 지방과 발레아레스 제도에서 사용하는 카탈루냐어, 발렌시아 지방의 발렌시아어, 바스크 지방과 나바라 지방에서 사용되는 에우스케라(바스크어), 아라곤 지방의 아라곤어, 갈리시아 지방의 가예고(갈리시아어)다. 이외에도 바블레(아스투리아스 지방에서 사용되는 언어)와 (카탈루냐) 아란 계곡에서 사용하는 아란어는 비록 준공식적 지위를 지니지는 않았지만 보호를 받는 언어다. 앞의 언어 중 에우스케라(바스크어)를 제외한 모든 언어는 라틴어에서 진화한 로망스어다. 이에 반해 에우스케라는 다른 어떤 언어와 조금도 연관되지 않은 고립어다. 이들 언어 중 많은 언어가 각 지방 안에서 학교와 라디오, TV 방송을 통해 정기적으로 교육되고 있다.

이렇듯 스페인에서 다양한 언어가 인정받고 있는 주요 요인은 바로 스페인의 지역주의 전통에서 찾을 수 있다. 다른 유럽 국가들도 몇몇 지역어를 보유하고 있지만, 이러한 언어 중 공식 인정을 받은 경우는 거의 없다. 그렇더라도 스페인을 방문하는 외국인들이 언어적 차이 때문에 어려움을 겪는 일은 전혀 없다. 비록 일부 지역에서는 카스티야어를 그곳의 지역어만큼 유창하게 구사하지 못하는 경우도 있지만, 스페인 어디를 가든 카스티야어는 다 통한다. 그래도 만약 여러분이 지역어를 몇 마디라도 배운다면 스페인 사람들로부터 그 노력을 높이 평가받을 것이다.

【 카탈루냐어 】

카탈루냐어는 프랑스 남부에서 사용하는 프로방스어와 밀접하게 관련되어 있으며, 카탈루냐와 발렌시아, 발레아레스 제도에 사는 주민 대다수가 사용한다. 그런데 이 세 지역에서 사용하는 카탈루냐어가 서로 조금씩 달라서, 발렌시아어가 카탈루냐어의 방언인지 아니면 별개의 언어인지를 놓고 정치적 동기가 바탕에 깔린 논쟁이 지속되고 있다. 카탈루냐어는 문학 언어로서 빛나는 오랜 역사를 가지고 있다. 특히 중세시대에 번성하여 전성기를 구가한 후 15세기 이후 내리막길을 걸었다. 카탈루냐의 언어와 문화를 되살리고자 하는 카탈루냐 문예부

흥운동, 즉 레나센샤(르네상스) 운동은 19세기 중엽에 시작되어 카탈루냐어에 대한 관심을 불러일으켰다. 그 결과 오늘날 카탈루냐어를 배울 때 그 기준으로 배우는 폼페우 파브라 문법이 탄생했다.

【 갈리시아어(가예고) 】

갈리시아어는 스페인 북서부 코너에 위치한 갈리시아 지방에서 사용하는 언어로, 현대 포르투갈어의 조상에 해당한다. 갈리시아어는 품위 있고 우아한 문학 언어로 사용되다가 14세기에 카스티야어에게 그 자리를 내주었다. 그 이후로 19세기 말 문예부흥운동이 일어나기 전까지 갈리시아어는 일상 대화에만 제한적으로 사용되었고, 도시민보다 시골사람들이 흔히 사용하였다. 한편 갈리시아 옆에 있는 아스투리아스 지방에서는 고대 지역어인 바블레가 여전히 사용되고 있다.

【 바스크어(에우스케라) 】

바스크어는 스페인 땅에서 사용되는 언어들 중 가장 독특한 언어다. 로망스어도 아니고 인도-유럽어도 아닌 바스크어는 로마제국이 스페인에 들어오기 전부터 존재했다. 19세기 말까지 바스크어는 대부분 시골에서만 사용되었으며, 의미 있는 문학 전통도 없었다. 하지만 20세기 들어서, 특히 1978년에 바스크 지방(에우스카디) 공용어로 지정되면서 모든 형식의 글을 쓸 때 사용되기 시작했다.

다음에 나오는 '몇 가지 유용한 표현' 도표는 초보자들이 처음 배우는 몇 가지 표현을 스페인의 여러 언어로 정리해놓은 것이다. 의문문과 감탄문의 문장 첫 부분에는 거꾸로 된 물음표(¿)나 느낌표(¡)로, 문장 끝에는 표준 물음표와 느낌표로 표시했다. 이것은 의문문이나 감탄문이 평서문과 혼동되는 것을 피하기 위함이다. 글이 아닌 말로 이야기할 때는 어조 차이만으로 이들을 구분하지만 글에는 이것이 드러나지 않기 때문이다.

스페인어로 말하기

스페인어는 가장 배우기 쉬운 외국어 중 하나로 꼽힌다. 하지만 외국인 중에는 수년간 스페인에 살면서도 한 번도 스페인어나 스페인 땅에서 사용되는 어떤 언어도 배우지 않는 경우가 있다. 특히 코스타(해안) 지역에는 거의 자급자족 수준에 이르는 외국인 공동체가 다수 있는데, 이들과 접촉하는 현지 주민들이 각 공동체에서 주로 사용하는 언어(대개 영어나 독일어)를 오히려 배우는 실정이다. 하지만 기본적인 스페인어를 할 줄 알고 이를 구사한다면, 이는 스페인 문화에 대한 여러분의 관심을 보여주는 일이 된다. 그러면 스페인 사람들은 이를 매우 높이 평가할 것이다.

스페인은 언어를 연습하기에 매우 유리한 나라다. 스페인어 기본 문법은 복잡하지 않을뿐더러, 어떤 경우더라도 여러분이 구사하는 스페인어에 문법적 오류가 있는지 아무도 신경 쓰지 않는다. 관광지에서는 아마 현지인들이 다양한 언어로 의사소통할 수 있겠지만, 거기서 조금만 떨어진 곳에 가면 더듬거리며 말하는 스페인어일지라도 의사소통의 가능성을 열어주는 역할을 할 것이다. 사람들과 어울리기 좋아하는 스페인 사람들은 이야기하는 것을 좋아해서 아마 여러분과 대화를 나누기 위해 최선을 다할 것이다.

처음 시작할 때는 여러분의 모국어에서 스페인어로 번역된 표현을 담고 있는 여행용 기본회화 책과 포켓사전만 있으면 될 것이다. 하지만 한동안 스페인에 체류할 계획이거나 스페인을 자주 방문할 생각이라면, 스페인어 기본 강좌를 듣는 것도 고려해보기 바란다. 기대 이상의 효과가 있을 것이다.

【 스페인어 발음 】

스페인어는 글자를 거의 다 발음한다. 글자를 어떻게 발음하고 단어의 강세를 어디에 두는지 알게 되면, 스페인어로 쓴 글을 읽어보는 시도를 해볼 만하다. 가장 기본적인 발음 규칙은 다음과 같다.

스페인어 알파벳은 a, b, c, ch, d, e, f, g, h, i, j, k, l, ll, m, n, Ñ, o, p, q, r, s, t, u, v, x, y, z의 28개 글자로 이루어져 있다.

모음 a, e, i, o, u는 영어 단어 'ha', 'hay', 'he', 'ho', 'who' 속 모음처럼 소리가 난다.

자음 b와 v, ll과 y는 서로 발음이 매우 비슷하다. 또한 단어 첫머리에 오는 h는 무음이므로, horario(스케줄)과 historia(역사)는 철자가 마치 orario(오라리오)와 istoria(이스토리아)인 것처럼 발음한다. 이 세 가지 요소 때문에 스페인어를 제2언어로 배우는 사람들이 실수를 가장 많이 한다. 즉 b와 v를 혼동하고, ll을 영어처럼 발음하며, 단어 제일 앞에 와서 무음이어야 할 h를 발음하는 실수 말이다.

몇 가지 유용한 표현				
영어	카스티야어	카탈루냐어	갈리시아어	바스크어
Hello	Hola	Hola	Ola	Kaixo
Good morning	Buenos días	Bon dia	Bon dia	Egun on
Good afternoon	Buenas tardes	Bona tarda	Boa tarde	Arratsalde on
Good night	Buenas noches	Bona nit	Boa noite	Gabon
Good-bye	Adiós	Adéu	Adeus	Agur
Please	Por favor	Si us plau	Por favor	Mesedez
Thank you	Gracias	Gracies	Gracias	Eskerrik asko
Excuse me	Perdón	Perdona	Desculpa	Barkatu
Cheers!	¡Salud!	Salut!	Saude!	Topa!
Is there a hotel near here?	¿Hay un hotel por aquí?	Hi ha un hotel per aquí?	Hai algun hotel aquí perto?	Bal al da hotelik hemen inguruan?
Where is the bus station?	¿Donde está la estación de autobus?	On es l'estació d'autobus?	Onde está a estación de autobus?	Non dago autobus-geltokia?

모음이나 자음 n과 s로 끝나는 스페인어 단어 대부분은 끝에서 두 번째 음절에 강세가 온다. 예를 들면 vino, casa, abuela, viven, antes(각각 발음하면 비노, 카사, 아브웨일라, 비벤, 안테스가 되며, 각각의 의미는 '와인, 집, 할머니, 그들이 살고 있다, 예전이다'이다)가

그렇다. 하지만 n과 s를 제외한 자음으로 끝나는 단어는 마지막 음절에 강세가 온다. 예를 들면 ciudad, feliz, municipal, hotel(각각 발음하면 시우다드, 펠리스, 무니시팔, 오텔이 되며, 의미는 '도시, 행복한, 지방자치의, 호텔'이다)이 그렇다. 이와 같은 규칙의 예외가 되는 단어는 모두 철자에 악센트 표시를 해서 어디에 강세가 오는지 나타낸다. 예를 들면 estación, avión, López(역이라는 의미를 가진 에스타시온, 비행기라는 뜻의 아비온, 사람 이름인 로페스)가 있다.

대면하기

여러분이 어떤 언어로 말하건, 스페인 사람들은 전형적인 지중해 스타일로 여러분을 대한다. 즉, 대화 상대와 아주 가까이 서서 이야기하며, 어떤 포인트를 강조하려고 다른 사람을 종종 건드리기도 한다. 또한 몸짓을 많이 하는 덕분에 스페인어로 대화하는 경우에는 듣는 사람의 이해를 돕기도 한다. 뿐만 아니라 스페인 사람들은 말하는 목소리도 크다. 이렇게 큰 소리로 강렬한 몸짓을 섞어가며 이야기하는 모습을 보면 두 사람이 평범한 대화를 나누고 있는 것인지 아니면 논쟁을 벌이고 있는 것인지 구별하기 쉽지 않을 때가 많다. 만약 여러분이 무슨 말인지 알아듣지 못하겠다고 하면, 스페인 사람들은 다르게 말할 방법을 찾는 대신 아마도 조금 더 크게 천천히, 그러나 같은 말을 정확히 그대로 반복할 공산이 크다.

스페인 사람들은 격식을 차려야 하는 상황이라면 목소리를 살짝 줄이고 몸짓도 조금 자제하면서 '우스테드(당신)'라며 존칭을 사용한다. 앞서 살펴보았듯 이는 프랑스어의 vous(2인칭 복수형 너희들 또는 존칭으로, '당신'이라는 뜻-옮긴이)와 유사한 용법이지만 그만큼 빈번하게 사용되지는 않는다. 이것은 정중하고 공손하게 말하는 방식이라 나이 많은 사람들에게 말할 때나 격식을 차리는 자리에서 비즈니스 동료에게 말할 때 쓰인다.

스페인 사람과 대화할 때 금기시되는 주제는 따로 없지만, 개인적인 질문을 많이 하는 것보다는 일반적인 관심사를 주제로 이야기를 시작하는 편이 아마 더 안전할 것이다. 스포츠나 날씨 이야기를 하거나 특히 칭찬의 말이나 현지 지역에 관한 질문을 하면 언제나 대화를 원만하게 풀어갈 수 있으며, 금세 공통 관심사를 발견하게 된다. 앞에서 언급한 바 있지만, 만약 스페인 사람들이 자국 국민과 문화에 대해 부정적으로 말한다면, 여러분은 반드시 외교적인 자세를 견지하면서 그들의 부정적인 의견에 동조하지 말아야 한다.

서비스

【우편】

우체국(코레오) 근무시간은 월요일부터 금요일까지는 오전 9시에서 오후 2시까지며, 토요일에는 오전 9시에서 오후 1시까지다. 하지만 우표는 담뱃가게(에스탄코)에서 구입할 수 있다. 우체통은 밝은 노란색이다. 때때로 국외(알 엑스트란헤로) 우편용 우체통이 별도로 있는 경우도 있다.

우편물은 하루 한 번, 보통 오후 3시 이전에 배달된다. 크기가 작은 소포는 가정으로 배달되지만, 크기가 큰 소포는 우체국에서 보관하므로 수령자가 직접 찾으러 와야 한다.

【전화】

국영통신사인 텔레포니카는 전화선 대여를 관리한다. 하지만 이제는 다른 통신사와 통신료 가격 경쟁을 한다. 여러분은 다양한 종류의 통화를 하면서 다양한 통신사를 이용할 수 있다.

스페인의 모든 지방에는 각기 다른 두 자리(또는 세 자리) 지역번호가 붙는다. 그래서 전화번호는 지역번호를 포함해서 9자리 숫자가 된다. 국가번호는 0034 또는 +34다.

거의 모든 사람이 휴대전화 한 대는 가지고 있는 시대가 되면서 공중전화부스(카비나)는 이제 보기가 힘들다. 하지만 스페인에는 어디를 가든 '로쿠토리오(이곳에 가면 인터넷에 접속할 수 있고, 저렴한 요율로 본국에 전화도 할 수 있으며, 특별한 휴대전화 거래도 할 수 있다)' 가 많이 있다.

전화를 받으면서 표준적으로 응답하는 말은 "디가메" 또는 "디가"다. 이는 각기 "네, 말씀하세요" 또는 "말씀하세요"라는 의미다.

스페인에서도 세계 다른 곳과 마찬가지 원칙으로 휴대전화가 작동한다. 하지만 요금은 점점 비싸지는 추세다. 젊은 층은 스마트폰과 노트북을 이용해 소셜미디어로 소통하고 연락한다.

결론

스페인 사람들은 일반적으로 편안하고 사교적이며 가족 사랑이 대단하다. 스페인 전역 어디를 가더라도 밝은 햇살 아래 야외생활을 즐기는 모습, 무리지어 모여 있는 사람들, 좋은 음식과 술, 가십, 활기찬 모습, 그리고 유쾌한 부산스러움이 가득하다. 여러분은 특히 주말과 여름에는 아마도 눈 깜짝할 사이에 이 모든 것에 익숙해져서 어느새 스페인 사람들의 생활방식을 사랑하기 시작할 것이다.

만약 출장 때문에 이곳을 찾았다면, 여러분은 스페인 사람들의 특징 중 일부를 다른 시각으로 볼지도 모른다. 그들의 융통성, 그리고 새로 바꾸고 다시 우선순위를 매기는 놀라운 능력은 혼란스럽게 느껴질 것이다. 하지만 이윽고 왜 그런지 그 이유를 이해하게 될 것이다. 스페인 측 비즈니스 상대가 친근하고 친절한 사람이며, 여러분에게 개인적으로 관심을 갖고 있다는 사실을 알게 될 것이다. 그들과 일단 친분이 생기면, 여러분은 그들에게 중요한 존재가 되고 그 결과 사업도 번창한다.

스페인에 온 이유가 무엇이건, 스페인 사람들과 그들의 문화를 더 많이 알면, 스페인 방문을 최대한 즐기고 현실적인 기대를 하는 데 도움이 될 것이다. 무엇보다도 개인을 중요하게 생각하고 삶을 즐기는 것을 최우선으로 여기는 나라 스페인에서 여러분이 좀 더 편하게 지낼 수 있을 것이다.

¡비바 에스파냐!

유용한 웹사이트

스페인 관련 유용한 정보를 제공하는 웹사이트도 많으니, 떠나기 전에 참고해보는 것도 좋겠다.

【 관광 】

www.tourspain.es/en-us 스페인 해외 홍보용 공식 웹사이트
www.tourspain.es 스페인 국립 관광청 공식 사이트
www.spaindata.com 스페인 관련 일반 데이터 제공 사이트
www.okspain.com 스페인 전역에 관한 관광 정보 사이트

【 일반 정보 】

www.spainexpat.com 스페인 거주 외국인을 위한 웹페이지
www.viamichelin.com 스페인 전역 상세지도
www.idealspain.com 스포츠 및 레저 관련 정보
www.extranjeros.empleo.gob.es 스페인 이민국
www.112.es 응급 서비스
www.policia.es 경찰

【 역사 & 문화 】

www.spanishculture.com 스페인 공식 문화홍보 사이트

【 교통 】

www.ctm-madrid.es 마드리드
www.tmbnet.es 바르셀로나
www.fgc.es FGC(카탈루냐 자치정부 철도청) (카탈루냐, 코스타 다우라다)

www.emtvalencia.es 발렌시아 공공 도시 버스 네트워크
www.fgv.es 발렌시아 철도청 (코스타 블랑카)
**www.juntadeandalucia.es/temas/transporte/publico/metropolitano.
html** 안달루시아 도시 교통 정보
www.tib.org/portal/en 마요카 (발레아레스 제도)
www.titsa.com 테네리페섬 (카나리아 제도)
www.euskotren.es 에우스코트렌 (바스크 도시철도)
www.feve.es FEVE(국영 협궤철도사) (스페인 북부)
www.renfe.es 국영철도 공식 사이트
www.moovitap.com/espanol 스마트폰용 교통 정보

【 공항 】
www.aena.es 스페인 공항공사
www.iberia.es 이베리아 항공
www.vueling.es 이베리아 저가 항공

【 특별 관광열차 노선 】
www.alandalusexpreso.com Al Andalus Express
www.ffe.es/delicias Tren de la Fresa(딸기 열차)
www.trendesoller.com Tren de Soller(마요르카)
www.cremallerademontserrat.cat 몬세라트(카탈루냐)
www.renfe.com/trenesturisticos/en 기타 노선: Cervantes Train, Medieval
Train, Tren de Sigüenza, El Espreso de La Robla

【 숙박 】

www.paradores.es/en 스페인 국영호텔 파라도르

www.agroturismorural.com 스페인 농촌 관광

www.airbnb.es 휴가용 객실 및 아파트 임대

www.wimdu.es 휴가용 객실 및 아파트 임대

www.reaj.com 스페인 호텔 네트워크

www.residencias.eu 스페인 기숙사 네트워크

【 스페인 유학 】

www.cervantesinstitute.es 세르반테스 협회(스페인 언어 및 문화)

www.rae.es 공식 스페인어 사전

www.studyinspain.info 스페인 유학

www.universia.es 스페인 고등교육 정보

【 보건 】

www.sespas.es 스페인 공공의료 보건행정 협회

【 비즈니스 】

www.icex.es 스페인 해외무역 연구소

참고문헌

Carr, Raymond (ed.). *Spain: A History*. Oxford: Oxford University Press, 2000.

Catlos, Brian A. *Kingdoms of Faith: A New History of Islamic Spain*. New York: Basic Books, 2018.

Franco, Silvana. *Great Tapas*. New York: Lorenz Books, 2000.

Goodwin, Robert. *Spain: The Centre of the World 1512–1682*. London: Bloomsbury, 2016.

Goulding, Matt. *Grape, Olive, Pig: Deep Travels Through Spain's Food Culture*. New York: Harper Wave, 2016.

Howse, Christopher. *The Train in Spain: Ten Great Journeys throughout the Interior*. London: Bloomsbury, 2013.

____*A Pilgrim in Spain*. New York: Continuum Publishing Corporation, 2011.

Orti, Pilar with Paul Read. *The A to Z of Spanish Culture: A Condensed Look at Life in Spain*. Morrisville: Lulu Press, 2014.

Phillips, William D. and Carla Rahn Phillips. *A Concise History of Spain*. Cambridge: Cambridge University Press, 2016.

Tóibín, Colm. *Homage to Barcelona*. London: Simon and Schuster, 1990.

Tremlett, Giles. *Ghosts of Spain: Travels Through Spain and its Silent Past*. New York: Bloomsbury USA, 2008.

Williams, Mark. *The Story of Spain: The Dramatic History of One of Europe's Most Fascinating Countries*. Málaga: Santana Books, 2000.

Zollo, Mike with Phil Turk. *Spanish Language, Life, and Culture*. London: Teach Yourself Books, 2000.

Spanish. A Complete Course. New York: Living Language, 2005.

Fodor's Spanish for Travelers. New York: Living Language, 2005.

지은이

메리언 미니

메리언 미니는 스페인에서 20년간 거주한 교사이자 번역가, 통역사다. 현재 골웨이 아일랜드국립대학교로 교명이 바뀐 골웨이 유니버시티 칼리지에서 영어와 스페인어 전공으로 우등 졸업했으며, 교육학 석사과정을 마친 후 장학금을 받아 스페인 살라망카대학교에서 스페인 문화를 공부했다. 이후 말라가와 바르셀로나에서 영어 어학원을 운영한 후, 스페인 기업체와 정부기관에 국제교류 프로그램 관련 조언을 하고 있다.

벨렌 아과도 비게르

벨렌 아과도 비게르는 의전, 외교, 관광 분야 전문가다. 마드리드에 있는 카밀로호세셀라대학교에서 관광 전공으로 우등 졸업한 뒤 의전 및 행사관리, 기관 PR 전공으로 석사학위를 받았고, 영국 이스트앵글리아대학교에서 국제비즈니스 및 외교를 전공하여 우수한 성적으로 석사과정을 마쳤다. 카탈루냐 국제대학교(바르셀로나)에서 국제교류·개발 코디네이터이자 기관대상 홍보부장을 역임했다. 현재는 이벤트 관리서비스 디지털화 전문 스타트업인 페텐 (Feten, fetenparty.com)의 CEO로 재직 중이다.

옮긴이

김수진

이화여자대학교와 한국외국어대학교 통번역대학원을 졸업한 후 공
공기관에서 통번역 활동을 해왔다. 현재 번역 에이전시 엔터스코리
아에서 번역가로 활동하고 있다. 옮긴 책으로는 『세계 문화 여행_몽
골』, 『딜리셔스: 인류의 진화를 이끈 미식의 과학』, 『로맨틱, 파리』,
『혐오와 대화를 시작합니다: 편견과 차별에 저항하는 비폭력 투쟁
기』, 『역사로 통하는 맛의 항해』, 『완경기, 그게 뭐가 어때서?』, 『나만
그런 게 아니었어』 등이 있다.

세계 문화 여행 시리즈

**세계의 풍습과 문화가 궁금한
이들을 위한 필수 안내서**